田中将大に学ぶ
挑戦し続ける自分の創り方

児玉光雄
追手門学院大学特別顧問
／日本スポーツ心理学会会員

辰巳出版

まえがき

２０２１年の年明け早々、日本のプロ野球界にビッグな知らせが舞い込んだ。田中将大投手がメジャーリーグ、ニューヨーク・ヤンキースから８年ぶりに楽天ゴールデンイーグルスに復帰入団するというニュースである。

そして、同年1月30日、田中の復帰入団記者会見が都内で開かれた。田中はやや緊張した面持ちでこう切り出した。

「このたび楽天イーグルスに入団することになりました。今季は震災から10年という年で、自分がＦＡになってチームを選べる立場にあった。その中で10年という数字は自分にとっての意味のあるタイミングじゃないかと思ったので、今回のような決断にいたりました」

7年前に田中が海を渡った時、彼の心の中には、「僕は必ず日本球界に戻ってくる。それもキャリアの晩年ではなく、最盛期の力を維持しているときに……」という強い思いがあったはずだ。私たちの仕事のキャリアに与えられた時間は限られている。特にアスリートのキャリアは、一般の社会人に比べれば圧倒的に短い。

例えば、プロ野球選手のキャリアは長い選手でも20年足らず。しかも最盛期となると、せいぜい10年でしかない。32歳の田中にとって、今が日本球界に戻る絶好の機会だったという見方もできるだろう。

復帰記者会見で、田中はこうも語っている。

「やはり、『自分にとって意味のあるタイミングじゃないか』と思った。今まで以上に（被災者の）近くにいられることで、また僕にできることがたくさんあるかもしれない。できる限り協力していきたいですし、一緒に頑張っていきたい」

これまでも田中は、自分の軸をしっかり持って、自分の人生は自分自身で決めてきた。もちろん周囲の人の意見にも耳を傾けるが、決してそれに流されることはない。自分の人生の絶対評価者は自分という強い思いがあり、それがまた彼に凄い仕事をさせてきたのだ。

私は現在、多くのプロスポーツ選手やトップクラスの囲碁のプロ棋士のメンタル面をバックアップしているが、彼らの共通点は、過去や未来を葬り去って、目の前の一瞬に全精力を傾注できるということだ。もちろん田中も例外ではない。目の前の一瞬に意識を集中させ、その状況における最高の一球を投げる。田中はこの単純な勝利の方程式を駆使して、相手の打者を次々に討ち取ってきた。

「今は日本一になること以外考えていない。事実としてワールドシリーズで優勝できなかったのはやり残したこと。切り替えがどうという作業は必要なかった。自然とそういう気持ちになった」

田中はこう宣言した。7年間のメジャーのキャリアを経て、彼はどんなパフォーマンスを私たちに見せてくれるのだろう。そして、どんな感動を与えてくれるのだろうか。

本書では、田中自身が語った100の言葉を取り上げ、私の専門であるスポーツ心理学の立場から解説を加えた。読者の皆さんの仕事と人生に、少なからぬ刺激とヒントを与えることができればと願っている。

2021年4月　児玉光雄

第1球 〈進化〉を恐れない

第2球 〈気持ち〉を創る

第3球〈本番力〉を鍛える

第4球 〈プロ魂〉を磨く

第5球〈感謝〉をバネにする

第1球

〈進化〉を恐れない

1

「一瞬も止まらない」

最高のパフォーマンスのために。

正直な話をすると再契約してヤンキースでプレーしたいとの思いがあった。しかし、もうかなり早い段階で、お話を代理人から聞いている中で、これは別々の道を歩いていかないといけないんだなという風に感じた。それ以降、さまざまなことを考えた。(中略)世界中が厳しい中でも7年間プレーしたことを評価していただき、大きなオファーもあった。

(2021年1月30日に都内で行われた楽天復帰記者会見で語った言葉)

進化欲求を育てよう

7年の時を経て楽天ゴールデンイーグルスにカムバックした田中の復帰会見が、都内のホテルのバンケットルームで行われた。スーツ姿で現れた田中は、時折ユーモアを交えながら、丁寧に自分の心境を記者団に向かって話した。

ヤンキースが先発投手との契約を次々に発表していく中で、田中は自分がヤンキースと契約できる可能性が低いことを察知して、かなり早い段階でさまざまな選択肢を模索し始めていた。メジャーではサンディエゴ・パドレス、トロント・ブルージェイズ、ロサンゼルス・エンゼルスが田中にオファーを出したと報道されたが、結局彼は古巣の楽天を選択した。

すでに日米14年間を通じて高い評価を得た田中が、これからの野球人生で何を求めるのか？ 早い段階で「別々の道を歩く」ことを考えたという田中の言葉に、一瞬も止まることなく自分を進化させたいという強いモチベーションを感じる。

彼はまた、こうも語っている。

「イーグルスでプレーをして、また日本の方々の前で投げるというものを上回ること（オファー）は最後までなかったので、この決断をした」

最終的に自分のパフォーマンスを表現できる最高の場所は、自分を育ててくれた仙台しかないと決断した田中の活躍から目が離せない。

2

「目標を掲げる」

闘争心より大切なこと。

まずは、自分がやらないといけないことをやっておくこと。
それができたら（200イニングという）数字に辿り着けると思う。
今は目の前の課題をひとつずつクリアしていくことが、
本当に大事だと思っています。

（メジャー6年目のシーズン直前に、
まだ達成していないシーズン200イニング登板についての思いを語った言葉）

目標がないところに進化はない

メジャーにデビューした２０１４年シーズンから２０１９年シーズンまで、田中が成し遂げた6シーズン連続二桁勝利は、何よりも彼が超一流の投手であることを物語っている。

しかし、田中は２０１９年までのうち、２０１６年に投球回１９９イニング3分の2を記録したものの、一度もシーズン２００イニングを達成していない。右の言葉からは、シーズン２００イニングという未達の目標に向けての、田中の強い意欲と闘志が表れている。

「目標にチャレンジする」という意識を持ち続けることが、田中をここまで成長させたと私は思っている。そして、いまだ叶わぬ目標があることが、田中のさらなる進化を約束しているのだ。

ブルーナーという心理学者が小学生に立ち幅跳びをさせた実験結果がある。まず全員を跳ばせて記録を測る。次にグループを二つに分け、グループ1には「他人を打ち負かす」という目標を与え、グループ2には、「自分のベストにチャレンジする」という目標を与えた。

そして、「その目標を達成しよう!!」という号令の元、彼らは2回目の幅跳びにチャレンジした。結果はどうだっただろう？　大きく記録を伸ばしたのはグループ2だった。

「誰にも負けたくない」という闘争心は、もちろんアスリートにとって不可欠だ。しかし、目標を一つひとつクリアしていく以外に進化はないということもまた事実なのである。

3

「有能感を手に入れる」

自分はこんなものじゃない！

もちろん、日本人初ということはうれしいと思います。
でも、それより（米国には）もっと長く勝ち続けている人はいる。
マウンドに上がり続ける限り、
いい投球を1試合でも多くしていけたらと思います。

（2019年8月27日の対マリナーズ戦で7回3安打無失点と好投し、
日本人初の6年連続二桁勝利の偉業を成し遂げた後のインタビューで語った言葉）

成長の起爆剤「有能感」を育てよう

メジャーで日本人初の6年連続二桁勝利を挙げても、試合後の田中の感想はいたって冷静なものだった。このことについて田中はこう語っている。

「それも第三者、周りが決めること。自分の評価、見られ方を気にしてやっていない。自分がどういう選手、投手なのか、そこはしっかりと理解しながら、マウンドでそれを出していくのが大事なのかと思います」

心理学者ロバート・W・ホワイトは「有能感」（「有能でありたい」という基本的欲求）が、人を伸ばす原動力になるとしているが、田中はまさにその好例といえる。

有能感を心の中に育てるためには、「自分の限界を設定しない」というだけでなく、「現状の自分を認知する」という考え方を持たなければならない。そして田中が言うように、それを「マウンド」（現場）で出しきることが大事なのだ。

現状の自分にある程度満足しながら、同時により高みを目指したいという強い気持ちを持ち続けることにより、私たちは意外と簡単に有能感を高めることができる。

「自分の才能はこんなものじゃない」とか、「もっと凄いことを自分はできる」という気持ちを大事にして、繰り返し自分に語りかけよう。それが結果的に凄い進化を実現させてくれる。

4

「探求心の効用」

進化を止めないために。

年を取っているということです。
18歳でデビューした頃と比べると全然違う。
1試合1試合、少しでも向上していくように、
その積み重ねで今まで来られた。
野球を辞めるまで、そういう感じでやっていくと思います。

（2018年9月1日、節目のシーズン10勝目を挙げ、これまでのキャリアを振り返って語った言葉）

「本気モード」に火をつけよう

この言葉を発した日の勝利は田中にとって意味あるものだった。なぜなら、ヤンキース史上でも、メジャー1年目から5年連続二桁勝利の達成は、アンディ・ペティット以来2人目となる快挙だったからだ。

多くの野球ファンが、ピッチャーとしての身体能力に恵まれていたから現在の田中があると考えている。しかし、その考えは明らかに間違っている。

田中ほど探究心が旺盛なピッチャーはメジャーでも日本のプロ野球であまり見当たらない。マウンドに上がったゲームにおける彼のルーティンは、ダッグアウト裏のビデオルームでイニングごとに今さっき投げたフォームや配球についてのチェックポイントを確認することにある。つまり、自分の投球への探求が半端ではないのだ。

すでに充分な実績を得ているのに、なぜピッチングへの探求を飽きもせずに続けられるのか。それは、「まだ自分は進化し続けることができる！」という手応えを感じているからだろう。

もはや進化を感じられなくなったと感じた時、それは田中がグラブを置く時。もちろん、年を取ると共に球速や体力も落ちていく。しかし、できる限りの節制、トレーニング、分析力により、進化を続けることは可能なのである。

5

「自分を出し切る」

なぜ頑張れるのか。

背負えるものは背負います。
背負ってつぶれてしまうようなことだけはしたくない。
(金額の大小でプレーが) 変わることはない。
目標は世界一です。

(ヤンキースにメジャー移籍することを発表した記者会見で語った言葉)

最大限の期待欲求を心の中に膨らませよう

２０１３年１月23日、新ポスティングシステムを利用してメジャー移籍を目指していた田中は、ヤンキースと7年契約で合意したことを発表した。7年総額１億５５００万ドル（約１６０億円）という内容である。会見にはテレビカメラ19台、約２００人の関係者が詰めかけた。入団する球団がヤンキースに決まった心境について、田中はこう語っている。

「（ヤンキースは）世界でも有名な名門チーム。いろんなものを感じながら今までと違った気持ちというか、違ったものを感じながらプレーできるんじゃないかと思います」

この記者会見で「プレッシャーを感じるか？」という質問に、「ないことはないけれど、それよりも自分らしさを失わずに今まで自分がやってきたスタイルとか持ち味というものを出していきたい」と前向きな発言に終始した。

「期待理論」は心理学においてもしっかり認知されている。努力すればその分成果が上がり、成果が上がれば、それに見合った報酬が獲得できる。もちろん、報酬は金銭だけでなく、それ以外の名誉や地位も含まれる。

「なぜ私たちは頑張れるのか？」。それは「頑張っただけ得るものがある」という期待があるから頑張れるのである。最大限の「期待欲求」を心の中に膨らませよう。それがあなたに凄い才能を授けてくれる。

6

「意識を変える」

才能は二の次。

試合になれば勝つか負けるか、
やるかやられるか、それだけですから。

（2013年シーズン前の雑誌インタビューで語った言葉）

理屈抜きに勝ちにこだわろう

田中の言葉には、〝勝つ〟という言葉がたくさん出てくる。なぜ、彼はシーズン24連勝というとてつもない記録をうち立てられたのか？　この言葉と無関係ではない。２０１３年のシーズン、確かに田中が登板した時に味方の打線の援護があったから負けなかった、という専門家の意見もある。しかし、それだけで24連勝できるほどプロ野球の世界は甘くない。

プロフェッショナルなら、理屈抜きに勝者にならなければならない。手段はまったく問われない。理屈抜きにチームを勝利に導く。この欲求が、一流のプロフェッショナルはそれ以外の人間に比べてとてつもなく強烈なのである。

自己満足に終わる仕事だけでは決して一流になんかなれない。まず意識を変える。理屈抜きに与えられた仕事で最高の成果を出すことだけを考えよう。その結果として、チームの勝利という報酬を手に入れよう。

スポーツ心理学における私の先生であるジム・レーヤー博士の言葉。

「『行動の成果』が素晴らしい気持ちにさせるのではなく、素晴らしい気持ちの状態が素晴らしい『行動の成果』を生み出すのである」

意識を変える。才能なんて二の次。ただチームの勝利のために持てる能力を目一杯発揮する。これが成果に劇的な変化を引き起こすのである。

7

「自分を仕上げる」

自己実現の欲求。

毎試合毎試合いろいろな経験をして、
1試合1試合の反省を次の試合にどうやって
生かそうかっていうふうに思っているんで、
少しずつでも成長はできているんじゃないかという実感はあります。

（野球への心構えについて語った言葉）

不完全な自分を見つけて成長することに努めよう

やる気レベルを大きく左右する要素をモチベーターと呼んでいる。モチベーターは２種類に分類できる。「内発的モチベーター」と「外発的モチベーター」である。

心の底から自然に沸き上がってくるモチベーターは間違いなく内発的モチベーター。一方、自分の外側に魅力的なモチベーターが見つかったら、それは紛れもなく外発的モチベーター。

どちらのモチベーターのほうが強烈か？　それは人それぞれ違う。ただし、手に入れた途端にモチベーションが落ちる外発的モチベーターに比べ、内発的モチベーターは長期間持続できる。もちろん、田中にとっての最大のモチベーターは内発的モチベーターであることは間違いない。

自己実現の欲求こそ究極の内発的モチベーター。起こった事実をありのままに受け止めて、より成長する自分に仕上げていく。この作業を繰り返すことにより理想の自分に近づいていく。その意欲が田中のパフォーマンスを支えている。

２０１３年シーズン、田中は24連勝という偉業を成し遂げた。その前のシーズンまでさかのぼると28連勝である。

しかし、田中はそれで満足していない。不完全な自分を見つけてその修正をテーマに、彼はより高みを目指しているのである。

8

「満足しない」

課題を見つける。

今年も満足はしていません。
来年以降、投球内容、投球の質を求め続けながら
結果を残せていけたらいい。
投手としてもっと上のレベルにいけるようにしたい。

（来季の目標について聞かれて）

内発的モチベーターを喚起しよう

たとえ前人未到の24勝無敗の記録をうち立てても、田中は決して妥協することはない。妥協が心の中にはびこった時点で、その人間の成長は止まる。心理学者エドワード・デシは内発的モチベーターに関する理論により、このモチベーターこそ永続性のあるまったくコストのかからない強烈なやる気の源であると、論文に記した。

彼は、内発的モチベーターが心の中に存在するにもかかわらず、そこに金銭報酬のような外発的モチベーターを付け加えてしまうと、好きという感情が阻害されてしまうことを主張した。

いわゆる外発的モチベーターの典型例である報酬を度外視して、自分の能力をより高いレベルに引き上げたいという内発的モチベーターこそ、私たちの能力を高めてくれるだけでなく、人生の幸福感をもたらしてくれる。

たとえ素晴らしいピッチングをしても、田中は、貪欲に課題を見つけてより高いレベルのピッチャーを目指すことができる。

チャンピオンは往々にして孤独である。田中だけでなく、ダルビッシュにしても、もう一人の完璧な自分と競っている。完璧な自分に少しでも近づきたい。これこそ典型的な内発的モチベーターの正体である。

9

「才能を磨く」

努力上手になれ。

もっとこうしたい、もっとああなりたい、こうなりたいというのは尽きないので。いつも言ってますけど、それがなくなったときが野球をやめるときだと思っていますから。

（自分のゴールについて語った言葉）

ワクワクするような未来の自分像をクリアに描こう

私たちは日々の忙しさに取り紛れて現状維持に甘んじる傾向がある。しかし、それでは成長することなど、到底できない。自分の志を明確にして、その夢に向かって努力を積み重ねよう。

なぜ私たちは内容の面白くないルーティンワークを積み重ねることができるのか？　獲得したい報酬のためなのか？　昇進したいという欲望を満たすためなのか？　それだけでは辛い作業を持続することはなかなか難しい。

チャンピオンやトップアスリートたちは、もっと魅力的なモチベーターを見つけているから頂点に立てるのだ。確かに持って生まれた才能は無視できない。しかし、それだけでは宝の持ち腐れになってしまう。

ダイヤモンドの原石を丹念に磨いて初めて、価値のあるダイヤモンドに生まれ変わらせることができる。努力とは、ダイヤモンドの原石を延々と磨く作業。そのためには、一見ただの石ころのようなダイヤモンドの原石に価値を見出すように、あなた自身の才能の価値を見出し、それを磨く気を起こさせる魅力的なモチベーターを発見しなければならない。

田中のように、「もっとこうしたい。もっとああなりたい」という未来のワクワクするような自分像をクリアに描くことこそ、自発的に努力するための原動力なのである。

10

「成長を楽しむ」

明日の自分はもっとよい。

1戦1戦、自分のピッチングを全力で、
そしてチームの勝ちに貢献するだけっていうふうに今は思っているんで。
何勝したというよりも、
1戦1戦、成長していくことだと思います。

（ピッチングの心構えについて語った言葉）

１日単位で成長の手応えを感じる人間になろう

日々前進こそ、私たちを一流に仕立ててくれる大きな要素である。人間をここまで進化させたのは、私たち人間が、成長欲求が異常なほど強い奇形型動物だからだ。この成長欲求こそ、私たちを本気にさせてくれる欲求である。もちろん、これは「希望系モチベーション」と深い関連がある。

昨日の自分よりも今日の自分はわずかであるが、成長している。あるいは、今日の自分よりも明日の自分は進化しているはず。１日単位で成長の手応えを感じられる人間は、着実に成長していける。

あのベストセラー『バカの壁』を世に送り出した解剖学者・養老孟司（ようろうたけし）さんは、こう語っている。

「毎日がつまらない人は『このままでいい。世界はいつも同じだ』と決めつけている人なんです」（『プロ論。』徳間書店刊より）

田中のような一流のアスリートは、自分を成長させるということに強い快感を覚えるから、自分を成長させるための努力を飽きずに続けることができる。あなたにもきっとこの素質が備わっている。結局、自分を成長させることに強烈な欲求を持つ人間だけが、勝者の仲間入りができるようになる。

11

「今に全力投球する」

地道にコツコツと。

目の前の１球、１試合に集中していきます。
好きなことをやっているので、
モチベーションとかは関係ない。
いい結果が出ても、そこで満足することはないです。

（普段から大事にしていることについて語った言葉）

慢心することなく目の前の作業に没頭しよう

田中は自分の進化を信じている。だから、「いい結果が出ても、そこで満足することなく」、日々の練習を積み重ね、もっと言えば、今この1球に人生のすべてを懸ける。

モチベーションはひとまず置いておいて、とにかくなんでもいいから、今やらなくてはいけない作業に照準を当てて全力投球しよう。

そうすれば実行力もつくし、着実に前進していける。当然、今の一瞬に命を懸けるから成果が上がる。

壮大なビジョンも大事だが、１日単位、あるいは1時間単位で自分の行動を評価しよう。そう考えれば、実行力は高まり、着実にビジョンを達成できる。

例えば、あなたがダイエットにチャレンジしたいなら、１カ月に6キロ痩せるではなく、１日２００グラム痩せる。英単語を月に６００個覚えるではなく、毎日20個覚える、という目標に変えてみよう。

壮大なビジョンを立てるだけでなく、目の前の一瞬の行動にすべてを懸けよう。成果というものは目の前の一瞬の連続の積み重ねによって成り立っている。足元をしっかり固めて、慢心することなく、日々の作業に全力投球。これこそ、成功する人間が共通して行っていることなのである。

12

「セオリーに執着しない」

「想定外」に対処する。

僕、たとえば「初球はストレートで」とか、
そういうこだわりはないんですよね。
やっぱり、そのときの状況に応じて、
キャッチャーのサインに従って投げるだけです。
一個人の思いなんかで投げて、それでホームランを打たれたり、
それで負けたりするのが嫌なんですよ。

（自らの投球術で心掛けていることに触れて）

パターンから外れた状況を常に想定しよう

プロ野球における2013年シーズンの田中の大躍進を支えたのは、「状況判断能力」で間違いない。日本人は画一的トレーニングを好む。それが創造力とか直観力というこれからの時代に不可欠な能力を奪っている。

06年にドイツで開催されたワールドカップで、日本代表チームはブラジルチームと予選リーグで対戦した。残念ながら、1―4で日本代表チームは惨敗した。

そのゲームを観戦していたサッカー界の名監督がいる。英国プレミアリーグ・アーセナルのアーセン・ベンゲル元監督である。

試合後、彼はこう語っている。

「パターンにはまった局面では、日本チームのほうがいい仕事をしていた。しかし、超一流のゲームでは、そんなパターンにはまった局面はあまり出てこない。パターンから外れたところで咄嗟（とっさ）のチャンスを見逃さなかったのは、圧倒的にブラジル選手のほうだった」

一流のアスリートほど、教科書から外れた想定外のパターンを重視する。一方、それ以外のアスリートは、相変わらず教科書に忠実なセオリーに執着する。田中が前者であることは、言うまでもない。

パターンから外れた状況を常に想定する習慣があなたを一流の仕事人に育ててくれる。

13

「他人と比較しない」

ライバルは自分。

正直言って何にも感じてないですよ。
斎藤君も同じだと思いますよ。
だってプロ野球と大学野球、
ぜんぜん違うところで投げてきているわけですから。
気になるか？　と聞かれたら、気になりません、というのが正直なところ。
チームの人にもよく聞かれますけど、今はそう答えています。

（高校時代のライバル斎藤祐樹投手について語った言葉）

「最高の自分」を思い描こう

今となっては両者に明確な差がついてしまったが、斎藤佑樹と田中のライバル関係は、これからも高校野球の歴史で語り継がれていくだろう。しかし、当時はどちらかと言うと、スポットライトは「ハンカチ王子」というニックネームをつけられた斎藤のほうに当たっていた。

事実、最後の甲子園決勝で田中は投げ負けている。それだけでなく秋の「のじぎく兵庫国体」でも、またもや決勝で、田中の駒大苫小牧は斎藤の早稲田実業と対戦し、やはり０―１で敗退している。

確かに、ライバルを意識しながら自分を高めていくのは、有効な方法ではある。しかし、自分のことを一番よく知っているのは自分自身。ただひたすら「最高の自分」をイメージしてそのもう一人の自分に追いつくことに意識を集中させる。これこそ田中の真骨頂。

相対評価には、物事を見誤る危うさがある。例えば、自分が成長していなくても相手が弱ければ勝てるし、自分のベストを尽くしても負ける時は負ける。つまり相対評価は時として自分を惑わすことがあるのだ。

敢えて田中のように、「ライバルは自分しかない！」という意識を持って高みを目指す。この心構えこそ大切なのである。

14

「断定する」

自分への最高のメッセージ。

なんとかしなきゃいけない、じゃない。
絶対抑えてやる、になりますね。
自信があるとかないとか……別に、
そんな余計なこと考えないですもん。
もう、ほんと、絶対抑えてやるだけです。　ほんと。

（ピンチになった時の心理状態について語った言葉）

自己暗示のパワーを活用しよう

「絶対抑えてやる！」。このメッセージに優る自己暗示メッセージは見当たらない。自信はとても不安定で脆い。一方、暗示は時に大きな助けになってくれる。

確かに相手を完封したら、自信がみなぎり、好ましい心理状態になる。しかし、次の試合で打ち込まれたら、そんな自信は木っ端微塵に吹き飛んでしまう。

どんな試合でも、田中は口癖のように「絶対抑えてやる！」という断定的なメッセージを頻繁に自分に語りかけている。それだけでなく、ただひたすら相手バッターを討ち取ることを彼は四六時中考えているはず。

一方、並のピッチャーは、こう考えている。「今日相手チームのバッターを抑えることができればいい」と自信なさそうな口調で自分に語りかける。このメッセージではあまりにも弱過ぎる。つまり、「願望」ではダメなのだ。

結果はひとまず葬り去ってマウンドに立ったら、闘志を剥き出しにして「絶対抑えてやる！」という強い気持ちを持ってベストパフォーマンスを発揮する。これこそ田中の圧倒的なピッチングの根源なのである。

「○○であればいいのだが……」という願望口調を封印しよう。そして「○○してやる！」という断定口調で締めくくろう。それがあなたに良い結果をもたらしてくれる。

15

「未来を見る」

楽天主義者へのご褒美。

試合の中で課題が出るのは良くないですけど、
課題があるってことはまだまだ良くなるってことでしょうし。
そこを改善していけば、と思っています。

（普段の心掛けについて語った言葉）

物事をポジティブに捉える習慣を身につけよう

認知心理学において、その主要テーマである「注意」「知覚」「学習」といった要素以外に、「意思決定」「問題解決」も大きなテーマである。これらのテーマを取り扱う時に問題になるのが、ある状況における認知が、ポジティブなものか、それともネガティブなものかということ。この点に関して、田中の思考スタイルは一貫してポジティブである。

田中は常に未来を見据えることができる。一方、並のピッチャーは過去をひきずる。この言葉に表現されるように、意思決定においても田中は飛び切りの前向き思考である。課題をただ嘆くだけの並のアスリートに成り果てるか、課題があるから進歩できると考える一流のアスリートになるか。その違いはあまりにも大きい。

著名な心理学者クリストファー・ピーターソンは、楽観主義者には悲観主義者と比べて明らかに有利な点がたくさんあると主張する。

「楽観はさまざまなやり方で概念化、評価されて、ポジティブな気分や優れた気力、忍耐力や効果的な問題解決、学問、運動、軍隊、職業、政治での成功、人気、健康、そして長寿や心的外傷からの解放にさえもつながっている」（『ポジティブ心理学入門』春秋社刊より）

良くない状況に陥っても、それをうまく解釈してポジティブに捉える術を身につけよう。それだけで、あなたの周囲でどんどん良いことが起こるようになる。

16

「ベストを尽くす」

運や素質のせいにしない。

僕はずっと、いかに自分が向上していけるかを考えながら、
いろいろとチャレンジしていくことに意味があると思っています。
やってみて、失敗だと思えばそれをやめればいいわけですし、
そこから次にどうしていけばいいかを考える。
その繰り返しなんです。

（2011年9月の雑誌のインタビューで語った言葉）

自分を向上させる要因をうまく解釈しよう

田中には常に自分を向上させたいという欲求が渦巻いている。そのことに関して、Ｂ・ワイナーのうち立てた「原因帰属理論」は、私たちのモチベーションレベルを高い状態に維持するのに、とても役に立つ。原因帰属とは、成功や失敗の原因がどこに起因するかを判断することを意味する。

ワイナーは2種類の要因に分類して説明している。それが内的なものか、外的なものかという要因と、それが変動的なものか固定的なものかという要因である。

その上で彼は４つの事柄を挙げている。それらは努力（内的・変動的要因）、運（外的・変動的要因）、素質（内的・固定的要因）、課題の難易度（外的・固定的要因）である。そして、自分を向上させたい欲求があるなら、運や素質のせいにするのではなく、努力と課題の難易度に意識を注いでベストを尽くすこと、と説いている。

つまり、うまくいかない時には、運や素質のせいにするのではなく、努力不足や課題が難し過ぎたと考えるべきなのだ。もちろん、うまくいった時にも、「努力したから」とか、「適正な課題レベルだったから」というところに要因を求めよう。

あなたのチャレンジの結果にかかわらず、その要因をうまく解釈することにより、あなたも田中のようにモチベーションを落とさず、どんどん進化していける。

17

「システムを重んじる」どこでやるか。

この高校を選んだ理由は、甲子園に行きたいというよりは、自分の目指しているレベルの高い、緻密な野球を香田誉士史(こうだよしふみ)監督のもとで学べると思ったからです。

(駒大苫小牧に入学した理由について語った言葉)

システムがその人間の才能を開花させる

田中に駒大苫小牧への進学を勧めたのは、田中が中学時代に所属していた少年野球チーム「宝塚ボーイズ」の監督・奥村幸治である。実は中学３年生の２００３年秋に、田中は奥村と共に北海道まで足を延ばし、駒大苫小牧の練習を見学に行く。

帰り際に、田中は駒大苫小牧の野球部員全員に紹介される。そして、帰りの飛行機が伊丹空港に到着するまでに田中の気持ちは決まっていたという。

翌年春に田中は駒大苫小牧に入学、そして、その年の夏、駒大苫小牧は甲子園初優勝を成し遂げる。

一年生の田中は、ベンチ入りこそしなかったが、帯同メンバーとして優勝の瞬間をアルプス席から目に焼き付けたという。

人間の才能を開花させるために無視できないのがシステム。いくら才能に恵まれても、揉まれるシステムが脆弱（ぜいじゃく）では、いくら能力が優れていても、その能力は宝の持ち腐れになってしまう。結局その能力が花開くことはない。

逆に、少々才能に欠けていても、自分を育ててくれるシステムに恵まれさえすれば、トップの仲間入りができる。何事においても、〝どこでやるか〟が、その人間の才能を磨く上で不可欠な要素なのである。

18

「言い訳しない」

一瞬に命を懸ける。

「悪いからダメ」と思う気持ちが一番ない。
しっかり気持ちさえ作っていけば、全然大丈夫だと思います。
それに、調子が悪いからストライクが入らないというのは、
僕はわからないですね。

（自分の野球への取り組み方に触れて）

良くない時の気の持ち方のヒント

良くない結果がもたらされた時、私たちは往々にして言い訳の材料を探す。その典型例は、「その日のコンディションが芳しくなかったから、うまくいかなかった」であろう。

確かに体調が良くない時、あるいは、状況が厳しい時、モチベーションを上げることは容易ではない。それが自然の摂理。しかし、だからといって、結果が良くないと決めつけてはいけない。

ともすればそれが私たちの言い訳を作り出していると言えなくない。多分その良くない結果を作り出しているのは、良くないコンディションや難しい状況ではなく、「状況が良くない時はうまくいかない」という決めつけの思考パターンにある。結果が出るまで、そのことを考えてはいけない。

田中は置かれたコンディションで、常にベストを尽くすことができる。つまり、過去も未来も捨てて、ただひたすら目の前の一瞬に命を懸ける。それが田中を偉大なピッチャーに仕立てている。

結果を度外視して置かれた状況でベストを尽くす。結果が良ければよし。たとえ、良くなくても悔いを残さない。

そういう姿勢を貫けば、誰でも思い通りの成果を上げられるようになる。

19

「スタートは早くする」

ゴールデンエイジ。

母と一緒に小学校のグラウンドで野球の練習を見てたんです。
そしたら「どうだ、ボク、やってみるか？」って
監督さんが声をかけてくださったんです。

（小学1年生の時に昆陽里（こやのさと）タイガースの練習を初めて見に行った際のことを振り返って語った言葉）

12歳までが勝負と心得よう

田中が野球を始めることになったのは、通うことになる兵庫県伊丹市立昆陽里小学校のグラウンドで行われていた「昆陽里タイガース」の練習風景を見に行ったことがきっかけである。母親の和美さんが弟の雄士と一緒に田中を連れていったのだ。当時、監督を務めていた山崎三孝はこう語っている。

「ほとんどの子はベルトの前で球をとらえるのに、将大は左足の前できれいに球を打っていたんです。運動神経のええ子やなあと。幼稚園の時から練習でもしていたのかと、お母さんに聞いたんです」(『田中将大　ヒーローのすべて』北海道新聞社より)

この時、すでに同い年の坂本勇人はチームメンバーに加わっていた。この二人が日本のプロ野球を背負って立つ名選手になると誰が想像したであろうか?

人間の神経系統は5歳頃までに80％の成長を遂げ、12歳でほぼ１００％になると言われている。この12歳になるまでの数年間を「ゴールデンエイジ」と呼び、別名「生物学的臨界期」とも言われるように、神経系の発達の著しい年代で、さまざまな神経回路が形成されていく大切な時期となる。

その道のトップに登り詰めたかったら、何事もできるだけ人生の初期の段階でスタートさせればよいというのは、知っておいてよい事実である。

20

「限界をつけない」

日々前進。

見えない頂上を目指してずっとやっていく。
（野球を）やめる時が頂上。

（野球への取り組み方について語った言葉）

自分の才能に制限を加えないようにしよう

自分の限界を決めているのは、紛れもなく自分自身。ほとんどの人が凄い潜在能力を備えてこの世に生まれてくる。しかし、残念ながら、その能力を目一杯発揮できる人間はほんの一握り。

心理学的に「オーバー・アチーバー（異常なほど達成意欲の強い人）」と呼ばれる、チャンピオンやノーベル賞学者といったほんの一握りの人間だけが、自分自身の潜在能力の凄さを正当に判断し、自らの才能を開花させることに全力を尽くすことができる。もちろん、田中もその中の一人である。

「私はこの程度の人間！」という間違った妥協が、私たちに自らの才能の開花を放棄させている。年を取ると共に、私たちは成長することをあきらめてしまう。しかし、特定の能力に関しては、死ぬまで成長し続けていける。

確かに走力や瞬発力といった身体的特性は、加齢と共に着実に衰えていく。しかし、〝スキル〟と表現される技は、私たちが生きている限り着実に成長し続けていく。つまり、自分の才能に制限を加えない人たちだけが、才能のブレイクスルーを味わうことができるのだ。

「日々前進」という言葉を噛みしめよう。あるいは、「自分に限界をつけない！」という姿勢を貫こう。これが生涯を通してあなたのスキルを成長させ続けてくれる。

第2球

〈気持ち〉を創る

21

「経験を武器にする」

スキルを獲得する能力。

アメリカで7年間プレイしたけれども、
登板前に7年間ずっと楽天での日本一の瞬間のビデオを見ていた。

（2021年1月30日に都内で行われた楽天復帰記者会見で語った言葉）

経験を積むほど高まる「結晶性知能」

メジャーでの7年間の田中の成績は、174試合に登板して78勝46敗、防御率3・74。7年総額1億5500万ドル(約160億円)の大型契約に見合うだけの仕事をやったといっていい。

彼の7年間のキャリアで最も輝いた年は、入団1年目の2014年シーズンだろう。その前年の、楽天ゴールデンイーグルスのエースとして24勝0敗、防御率1・27という誰も真似のできない偉業を引っさげて、ニューヨーク・ヤンキースに鳴り物入りで入団した田中は、デビュー戦で勝利投手となると、それ以降白星を次々と重ねて6連勝。前半戦だけで12勝を挙げたのだ。このシーズンの防御率2・77は自身のベストとなった。

楽天での日本一の瞬間は、7年間のプロ野球経験の結晶だ。そのビデオを試合前に見続けた田中は、日本での経験を「武器」にメジャーで戦う姿勢を崩さなかったのだろう。

知能には2種類ある。「流動性知能」と「結晶性知能」である。前者は「記憶」「学習」といった知恵を獲得する能力。そして後者は、経験を積み重ねてスキルを獲得する能力を意味する。加齢と共に、流動性知能は衰えていく。一方、結晶性知能は加齢と共に、むしろ向上していく。経験を積み重ねることにより、結晶性知能を高めることを怠らなければ、私たちも田中のように着実に成長していける。

22

「頑固になる」

他人の意見に流されない。

深く（ボールを）握った数試合も、
思ったような打者の反応は得られなかった。
確かに落ちているけれど、ちょっと自分の中では違うかなと。
それで今まで得た感覚を生かしながら投げたら、空振りも増えた。
やっぱりこっちのほうが自分の感触、
バッターの反応としてはいいのかなと思いましたね。

（2019年シーズン、得意のスプリットが落ちなくなってスランプになり、
ボールの握りを元に戻したことに触れて語った言葉）

自分の人生は自分で支配しよう

２０１９年のレギュラーシーズンの田中の成績は11勝9敗、防御率４・４５。なんとか二桁勝利を達成したものの、順風満帆とは言えないシーズンだった。防御率は２０１７年の４・７４に続いて自己ワースト2位。

彼は、こと仕事に関する限りとても頑固である。常に自分の主張を崩さないし、他人の意見にも流されない。それは田中が「自分の人生は自分で決める」という強い信念を持ち続けているからだ。

右の言葉にもあるように、自分が長年築き上げてきた宝物であるスプリットについても、強いこだわりがあるから自分なりの解決策を生み出し、短期間でスランプを脱出することができたのだ。

私の大好きなフランスの著名な哲学者アランの言葉がある。

「どんな職業も、自分が支配している限り愉快であり、自分が服従している限り不幸である」

自分の感じることを最優先し、実行し、成果を出す。これに優る幸福感を他に見つけることは難しい。田中は、何度も逆境に遭遇し、そのたびに必死になって思索を巡らし、そこから脱出することができた。自分の人生は自分で決め、自分で支配することに何よりの幸福を感じている稀有なアスリートなのだ。

23

「潜在能力に火をつける」

使わない能力は衰える。

もっとも重要なのは、強く願う気持ちです。

（2014年シーズン、「自分にとって一番大切にしていること」について語った言葉）

強く願う気持ちが夢を実現させる

今はどうか定かではないが、田中のグラブには「気持ち」という文字が刺繍してあるという。

残念ながら、ほとんどの人が強く願うことを怠って、潜在能力を行使することなくこの世に別れを告げている。こんなもったいないことはない。田中のように強く願う気持ちをバネに、夢を実現しなければならない。

まず私たちは、自分の潜在能力の凄さに気づく必要がある。私たちは凄いことを成し遂げる能力を持ってこの世の中に生まれてきている。しかし、その凄さを自覚しているのは、ほんの一握りの成功者に限られているのだ。

偉大な啓蒙家ジョン・C・マクスウェルはこう語っている。

「潜在能力は、貯金とまったく反対の動きをする。預金講座に入れた現金は、利息がついて増えていく。ところが潜在能力は何もせずにほったらかしておくと、徐々に失われていく。使わない能力は先細りになっていくのだ」(『「戦う自分」をつくる13の成功戦略』三笠書房刊より)

ウカウカしていると、この青い惑星に存在している時間はアッという間に終わってしまう。私たちは急がねばならないのだ。

24

「自分で決める」

後悔を残さない生き方。

ただでさえ、調整不足の中、開幕したわけじゃないですか。
投手の起用法、球数とか、
新たなものが出てくるかもしれないですし、
その中で自分ができることを見つけて
チームに貢献できればいいと思っています。

（60試合の短期決戦になった2020年シーズンの開幕前にシーズンに向けての抱負を語った言葉）

「自己決断」を優先しよう

メジャーリーグの２０２０年シーズンは、新型コロナウイルスの影響により60試合制（例年１６２試合）でスタートした。ここで取り上げたのは、開幕に向けての田中の言葉だが、そこには彼らしさがあふれている。自分ができることを自分で見つけ、それを遂行し、チームに貢献しようという姿勢だ。

自己決断を優先するのは、一流のアスリートが持っている共通の資質である。しかし、日本のスポーツ界では、まだまだ「選手はコーチの意見に従わなければならない」という暗黙のルールがまかり通っている。

確かに、コーチの言うことに忠実に従ってうまくいけば問題ない。しかし、うまくいかなかった時にコーチは責任なんかとってくれない。従った側に残るのは後悔だけだ。そもそも、他人の意見に従うだけではモチベーションが上がらない。

だから、自分のやりたいことはきっちり主張する。コーチのアドバイスや指示は納得できなければ受け入れない。

そして、最終的に自分のやりたいことは自分で決める。この世の中は、そういう気持ちを持って目の前の作業にポジティブに取り組む田中のような人間にだけ、良いニュースが飛び込むようにできている。

25

「妥協しない」

「勝利」の2文字のために。

自分が作ったミス（四球で走者を出したこと）だから、
自分で刈り取らなければいけないと思って投げました。

（2013年日本シリーズ第2戦で勝利投手になった試合を振り返って語った言葉）

妥協を許さない決意を持ってベストを尽くそう

2013年10月27日、日本シリーズ第2戦に先発した田中は、ジャイアンツを寺内のソロホームランによる1点だけに抑え、勝利投手になる。この言葉は、ピンチに陥った6回を振り返って語ったものである。

四球、ヒット、四球で、2死満塁の大ピンチ。しかし、152キロのストレートでロペスを空振り三振で討ち取る。127球の力投で完投勝利。その試合を振り返って、田中はこう語っている。

「1点取られて残念です。やっぱり完封したかった」

この言葉に田中の悔しさが滲み出ている。田中の持ち味は、自分に妥協を許さないこと。その決意が半端ではないのだ。どんな状況になろうとも、相手に得点を許さない。マウンドに上がった時、田中の脳裏にはこのことが常に渦巻いている。

「ひとたびマウンドに上がったら、絶対完封する！」というテーマに、田中は照準を絞り込んでいる。塁に走者を出しても、得点さえ許さなければよい。そう考えるから、たとえ満塁になっても、田中は心の余裕を持ち合わせている。

スポーツに限らずどんな現場でも、理屈抜きに成果が求められる。〝相手チームに絶対得点を許さない〟というミッションが、田中の逆境耐性を高めている。

26

「ブレない」一流の条件。

基本的に自分がやりたいことをやるということは、ずっと変わらないです。

（野球に取り組む姿勢について語った言葉）

信念を仕事に盛り込んで成果を上げよう

チャンピオンやトップアスリートには、自分の決めたことをやり続ける覚悟が備わっている。コーチの指示に忠実に従う選手がいる。いわゆるコーチにとって扱いやすい選手である。しかし、残念ながらこの選手は伸びない。なぜなら信念がないからである。田中は自分の信念や主張をボールに乗せて投げる。勝利は、あくまでもそのご褒美に過ぎない。だから、たとえバッターに打たれようが、きっちり抑えようが、田中の信念はいささかも揺るがない。

自分の仕事に信念を込めれば、どんな結果に終わろうとも自分を納得させることができる。もちろん、そういう姿勢で仕事に打ち込めば、成果を出せるようになる。

納得は、他人によって与えられるものではない。それは自分自身で感じるしかないのだ。勝利という結果で自分を納得させるだけでは、何か物足りない。もちろん、そういう思考パターンでは、真の信念も生まれてこない。なぜなら、惨めな負け方をすれば、そんな偽りの信念は木っ端微塵（こっぱみじん）になってしまうからだ。

状況に応じて、自分が納得するボールをひたすら投げ続けること。田中にとって、それこそ真の信念を生み出す原動力なのだ。これはあなたの仕事にも通じる。信念を仕事の中に盛り込んで、全力を尽くすことが重要なのである。

27

「充実したオフを持つ」

睡眠と食事に気配りを。

しっかり睡眠を取って、食事もしっかり取るとか、ですかね。
基本的なことですけど、
そこを徹底してできるかできないかで差が出ると思うので。
みんな遊びたいでしょうし、お酒も飲みたいでしょう。
そこを我慢できるかできないかが大事になるんじゃないかと。

（2013年シーズン終了後の雑誌インタビューで「調子をキープできた一番の要因は何ですか？」という質問に答えて）

〝オフタイム〟をもっと充実させよう

〝オンタイム〟と〝オフタイム〟は車の両輪のようなもの。左と右のタイヤのどちらが大事か？　そんな馬鹿げた質問をする人はいない。どちらも同じように大事なのだ。

多くのアスリートが、ガス欠状態にもかかわらず、車のアクセルを踏み続ける。この車は、早晩動かなくなる運命にある。

２０１３年シーズンの田中の大活躍は、愛妻まい夫人に負うところが大きい。もしも彼がいまだに独身なら、この大記録は多分達成できなかっただろう。

実は、まい夫人は、12年3月に、プロスポーツ選手向けの食事管理などに精通したスペシャリストとされる「ジュニア・アスリートフードマイスター」の資格試験に合格している。カロリー計算に基づいた栄養バランスはもちろん、栄養の吸収面まで気配りした手作りの食事を田中のために作り、側面から彼の後押しをした。

肝心の本番で力を発揮できないなら、まずオフタイムをチェックしてみよう。あるいは、自分にとっての最適な睡眠時間を最優先で確保しよう。

そして、バランスのとれた食生活を実現させよう。もちろん、適度な休息と運動を日課に組み込もう。

オフタイムの充実が、あなたのオンタイムの成否を握っている。

28

「リフレッシュする」

ストレスを跳ね返す。

部屋に一人でいて、ボーッとしているだけで
息抜きになりますし。
一人きりの空間にいると、
誰にも見られていないのでスイッチを完全に切れるのです。

（独身時代、リラックスについて語った言葉）

「回復」こそ良質の仕事の源

一流のアスリートほど、「回復」に気を配っている。球界のエースともなれば、私たちには想像できないほど強いプレッシャーが日々襲いかかる。事実2013年のシーズン、連勝記録を伸ばしている時に、田中はこう語っている。

「田中は〝どこまで勝つんだ〟より〝いつ負けるんだ〟という報道の方が多かった。きつかったが、試合になれば集中できた」

そんなストレスによるダメージから回復するには、どのような方法があるだろうか。回復には、大きく分けて次の3種類が存在する。「肉体的回復」、「感情的回復」、そして「精神的回復」である。

まず、肉体的回復。単純に肉体的疲労を回復させること。休息や食事もこれに含まれる。もちろん、入浴やマッサージも肉体的回復に大きく貢献してくれる。

次に感情的回復。主なストレス源は怒りや恐怖である。笑顔を絶やさないことや、家族や親しい友人との交流により、感情的回復がもたらされる。

そして三つ目が精神的回復。田中のマウンドにおけるストレスは、まさに精神的ストレスの象徴である。瞑想したり、趣味やゲームで気分転換することが精神的回復に貢献してくれる。普段から精一杯回復に努めれば、黙っていても仕事の成果が上がるようになる。

29

「自信満々にふるまう」

威圧感が武器になる。

相手チームに試合前から〝あ〜、あいつが今日先発か〟って
ガッカリされる存在になりたい。
そう思わせるだけで、自分にとって絶対プラスですよね。
相手にとっては最初から気持ちが引く時点で
マイナスになっていますから。

（自分の理想のピッチャー像について語った言葉）

「後光効果」を活用してオーラを漂わせよう

田中の威圧感は半端ではない。実は、田中の投げるボールも凄いけれど、彼と対峙するバッターは彼の威圧感によって士気を低下させ、討ち取られてしまう。

つまり、同じボールを投げても、「誰が投げるか」という要素がそのバッターのパフォーマンスに大きな影響を与えるのである。いわゆる「オーラ」という要素である。

オーラとは、「後光効果」と呼ばれる心理的効果の一つで、ある対象物を評価する時、顕著な特徴に引きずられて、他の特徴や評価が歪められることを言う。後光とは聖像の光背や光輪を指す。その人の長所を強く印象づけることで、全体がよく見えてしまうのである。

なぜテレビのコマーシャルで美しい女優を起用するのか？　それは容姿端麗な女優を起用することで商品自体の印象が良くなり、視聴者にある錯覚を与え、結果的に購買意欲を高める効果があるからだ。たとえ田中の調子が悪くても、相手チームのバッターは、「田中の投げる球を打てるわけがない」という先入観が働いて、それがバッターの心理を狂わせ、良くない結果を引き出してしまう。

圧倒的な成績を挙げることが相手に威圧感を与える大きな要素であるが、普段から堂々と自信満々の態度を貫くことによっても、オーラは生み出される。それがセールスやプレゼンに好ましい結果をもたらすことは、覚えておいてよい心理法則である。

30

「プラスに解釈する」

スランプ時の思考法。

みんながみんな、上手くなる波が
一緒なわけではないじゃないですか。
人によって実力が伸びる時期が
違う部分はもちろんあると思います。

（中学生時代にAチームに入れなかったことを振り返って語った言葉）

何事も前向きに解釈しよう

この言葉に象徴されるように、田中はどんな状況でも、前向きの解釈ができる。たとえスランプに陥っても、あるいは努力がなかなか成果に結びつかなくても、常に前向きな思考パターンを持続させたから、彼はどんどん成長できたと言える。つまり、状況の解釈の是非がその人間の運命まで変えてしまう。

たとえ良くないことが起こっても、それをうまく解釈して気持ちを前向きにもっていくスキル。これこそ、一流の人間の思考パターンである。

ここで、簡単にこの思考パターンをマスターするメンタルスキルを伝授しよう。良くないことが起こった時、それを運や、自分の能力不足のせいにしないこと。そこで以下のように考えてみよう。

「たまたま今は成果が出ない時期であり、成長していないわけではない。このまま努力を持続すれば、必ず成果が表れる」

逆に、良いことが起こった時には、「自分はこの仕事に向いている」とか「努力したから成果が出たんだ」と自分の才能や努力を前面に押し出そう。

この厳しい競争社会においては、田中のように、良くない出来事をうまく解釈できる究極の前向き人間だけが、どんどん成長していけるようになる。

31

「気持ちで勝つ」

敵を呑み込む。

投げるときは、相手を見下している、
というのか、そういう気持ちで投げないと、
切り抜けられないんです。
気持ちで負けたら、負けです。

（ルーキーイヤーの2007年シーズンに心掛けたことに触れて）

ここぞという時に気持ちを込めよう

一流のアスリートと並のアスリートの違いは何だろう？　多くの人が「才能の違い」と答える。とても便利なわかりやすい答えである。しかし、才能ですべてが片付けられるほどプロの世界は単純ではない。

もっと言えば、往々にして才能に恵まれた選手ほど努力を怠る傾向があるため大成できないことも珍しくない。それでは努力したら成功できるのだろうか？

これも「ノー」である。ただ漫然と努力するだけでは、残念ながら才能の花が開くことはない。

例えば、プロ野球でドラフトに選ばれるのはほんの一握りの選手だけ。しかも、ドラフトに指名された選手がレギュラーのポジションを獲得する確率も驚くほど低い。

そこで無視できないのが、相手を呑んでかかるという目に見えない要素だ。田中が常に意識している「気持ち」という言葉がそれをうまく表現してくれる。投げるボールに気持ちが乗って、バッターを圧倒するという表現が正しいのかもしれない。

田中のように、ここぞという時の一挙手一投足に、気持ちを込めよう。あなたの気持ちは、必ず相手に伝わっていくはず。結局仕事というものは、その人間の気持ちによって大きく左右されるものなのである。

32

「己の軸を持つ」

最高のスランプ脱出法。

〝これだけは変えられない〟
〝これだけはずっと持っていないといけない〟
というものを大事にしてほしいです。
ブレてはいけません。
絶対に軸がないとダメです。

（4年目のシーズンを終えて、同世代の大卒でプロ野球選手になった人たちに贈った言葉）

「絶対にこれだけは譲れない」というものを持とう

「自分はこう生きていく」という自己主張を人生で貫いているから、田中はどんなピンチに見舞われても決してへこたれず前向きの姿勢を貫ける。

著名な心理学者、リチャード・ド・シャームが人間を二つのタイプに分類している。「指し手型人間」と「駒型人間」である。

将棋やチェスをイメージして欲しい。自分の仕事に誇りを持って堂々と自己主張できる人間が前者。一方、自分以外の人間の言いなりになって、自らの主張を持たない人間が後者である。

これからの時代に求められるのは、田中のような「指し手型人間」である。仕事において、あるいは人生において、自分の軸を持つ人間は強い。たとえ、スランプに陥っても自分の軸があるから、すぐに脱出できる。

一方、自分の軸を持たない人間は戻るところがないから途方に暮れるだけで、なかなかスランプから脱出できない。

あなたの仕事の軸は何だろう？　そのことについて真剣に考えてみよう。仕事において、たとえ上司と意見が食い違っても、絶対にこれだけは譲れないものを持ってそれを主張し続ける。上司に反論することが大事なのではない。己の軸を持つことが大事なのである。

33

「負けず嫌い」

進化の起爆剤。

負けず嫌いじゃないと、
この世界ではやっていけません。

（ルーキーイヤーだった2007年シーズンを振りかえって語った言葉）

うまくいかなかった時にリベンジを仕掛けよう

一流のアスリートになるために不可欠な要素。それが「負けず嫌い」である。この感情の強さこそ、トップアスリートにとっての必須条件である。

それを象徴するゲームが、2007年9月26日の楽天対日本ハム戦。ルーキーイヤーであるこの年、田中は高校時代を過ごした第二の故郷である北海道の札幌ドームのマウンドに立つ。特にダルビッシュ有との2度目の対戦となったこの試合は、北海道のファンを大いに熱狂させた。

このゲームで、田中は8回まで日本ハム打線を2安打に抑え、得点を与えない。ほぼ完璧なピッチングである。

しかし、9回裏四球を出した後、稲葉に同点打を許し、代打坪井にサヨナラヒットを打たれてゲームセット。試合後、田中は、「最後の詰めが甘い。こういうことがあるから上に行けない」と目を真っ赤にして語った。

この言葉からも田中の負けず嫌いの性格が読み取れる。この感情が田中を奮い立たせ、着実に進化させたのだ。

これは私たちの仕事にもそのまま適用できる。うまくいかなかった時、ただ挫折するのではなく、リベンジを仕掛けよう。才能の花は、その戦いの後に開くのである。

34

「和む」

ももクロ効果。

練習用のグローブは、自分で遊び心を出すために色を入れたり、
ヒョウ柄にしたり、いろいろやっています。
今回作ったグローブは、
ももクロの各メンバーに（イメージカラーの）色があるので、
それに合わせて作ってみました。

（2013年5月の雑誌インタビューで語った言葉）

気分が和むアイテムを持ち歩こう

田中はストレス解消の天才である。例えば、彼は自分の気持ちが和む持ち物を一番身近なところに置いている。

田中が熱狂的な〝ももクロファン〟であることは有名な話である。もちろん、ももクロとは、「ももいろクローバーZ」の略称であり、女性4人組の人気ユニットである。「ピュアな女の子が、幸せを運びたい」という意味がその名前に込められている。

2013年12月31日の『第64回 NHK紅白歌合戦』に、〝ももクロ〟は出場する。金閣寺をモチーフにしたという金ピカの衣装をまとったメンバーたちの横に、ゲスト審査員を務めた田中は5色のグラブを持って登場した。

「試合で投げる時に、ももクロちゃんたちの曲をかけて入ってました。（連勝記録ができたのも）ももクロちゃんのおかげだとも思います」と、うれしそうな表情で語った。

極度の緊張を強いられる仕事の現場におけるメンタルタフネスを維持するためには、ストレスを解消させる工夫が求められる。

田中のように、仕事の中で一息つくために、なんでもいいから、自分が気に入って気分が和むアイテムを肌身離さず持ち歩こう。即効で、緊張を解消してくれる具体策としておすすめする。

35

「あきらめない」

運を味方にする。

ランナーが二、三塁にいると、
自分の持っているもの以上のものが出るんです。
うまく言えないですけど。０―５になって、
さらにスイッチが入ったんです。

（２００７年８月３日、０―５から大逆転をしたゲームを振り返って語った言葉）

決着がつくまでベストを尽くそう

実は、このゲーム後、当時楽天の監督だった野村克也の名言が飛び出した。まず、ゲームの内容について簡単に触れておこう。対ソフトバンク戦のこのゲーム、先発登板した田中は、1回松中に2ランホームランを喫し、3回と4回にもそれぞれ1点と2点を献上。4回のソフトバンクの攻撃が終わった時点で0―5。交代させられてもよい状況である。

しかし、野村は田中を続投させた。4回裏、2死から楽天打線が爆発する。6番リックの左中間二塁打を皮切りとした連打により4点を入れる。そして、5回にフェルナンデスの2ラン等で3点追加して、7―5と逆転。次の6回をピシャリと締めて田中は降板。後のピッチャーに運命を託した。結局、楽天はそのまま後続のピッチャーがソフトバンクに点を与えず、田中は勝利投手になる。

試合後、野村監督はご存じの名言を吐いた。

「マー君、神の子、不思議な子。不思議の国のマー君。調子も最悪、何点取られるか投げ続けさせようと思ったら、天から神が降りてきた」

このゲームは、勝負に決着がつくまで決してあきらめてはいけないということを私たちに教えてくれる。幸運の神は平等ではない。たとえ負けゲームがほぼ決まっている状況でもモチベーションを落とさず、懸命に頑張る人間に味方するのだ。

36

「のめり込む」

理屈は不要。

気持ちで負けへんと思ってた。
持っている最高の力を出そうと。
絶対打たれへんと思っていました。

（2005年8月の夏の甲子園決勝で京都外大西を破って
みごと2連覇を果たした時のことを振り返って語った言葉）

強い気持ちで仕事にのめり込もう

田中の大好きな言葉、それが〝気持ち〟である。自分が投げるボールに込めた気持ちは誰にも負けない。そういう気迫がこの言葉から伝わってくる。

2005年の夏の甲子園、準々決勝で鳴門(なると)工業戦では7回を終わって1―6とリードされていた。それをみごとに逆転して準決勝に進み、大阪桐蔭(とういん)戦では延長10回で辛勝。そして決勝である。

この試合、駒大苫小牧は1回表に先制を許したが、その裏すぐに追いつく。5回に敵失で逆転、続く6回にも青地の適時打で1点を追加。

エース松橋の後を受けて、5回から田中がマウンドに上がる。ところが、7回に2点を献上し同点に追いつかれる。

しかし、直後の7回裏に駒大苫小牧は2点を追加。5―3でリードのまま、試合は9回京都外大西の最後の攻撃。この回、田中は三者連続三振に討ち取り、みごと57年ぶりの大会2連覇を成し遂げた。

理屈抜きに気持ちを込めて結果を出す。たとえうまくいかなくても、強い気持ちを崩さず、考え得る限りのベストを尽くす。この心構えさえあれば、どんな困難にあっても立ち向かっていける。

37

「心をしなやかにする」

聞くべき意見は聞く。

何でも人の言うことを全部聞き入れたりしていると
自分というものはなくなりますし、
全部崩れてバラバラになると思います。
新しいアドバイスをもらったりしたときに、
自分の考えにプラスしてアドバイスを生かして、
どんどん進化していけるようにやっていきたいと思います。

（他人のアドバイスについて触れて）

〝しなやかマインドセット〟の持ち主になろう

田中は第三者のアドバイスを聞かないかというとそうではない。ただしそれはあくまでも、主役である「持論」の脇役でしかない。持論を木にたとえると、それは幹や根にあたる。

その持論に第三者のアドバイスを枝葉として付け加えていくという発想である。スタンフォード大学の心理学者キャロル・S・ドゥエックは、「マインドセット（心の在り方）」という言葉を用いて2種類の人間に分類している。

〝こちこちマインドセット〟の人間と〝しなやかマインドセット〟の人間である。自著『「やればできる！」の研究』（草思社）の中でこう語っている。

「マインドセットがしなやかな人は、自ら進んで困難に挑戦するだけでなく、それを糧にしてどんどん成長してゆく」

しなやかマインドセットの人間は、能力は努力次第でいくらでも伸ばせると考えている。一方、こちこちマインドセットの人間は、能力は固定したものであると考えているから努力を軽視する。

持論を大切にしながら、自分の能力に貢献してくれる要素があれば、第三者のアドバイスを積極的に取り込んで飛躍につなげていく。これを普通にやってのける田中は、きわめてしなやかマインドセットの持ち主なのである。

38

「一番になる」

自負と心意気を持て。

〝ハンカチ世代〟では弱々しい感じがするんで、
〝田中世代〟と呼ばれるように、
自分の世代で一番の選手になりたい。

（2007年1月の雑誌インタビューで同世代の選手のことに触れて）

「オンリー1」より「ナンバー1」を目指そう

この言葉からも、当時、大学に進学した斎藤佑樹よりも「自分が同世代で一番！」という強い主張が読み取れる。

田中のキャリアの中で忘れられない試合の一つに、2006年夏の甲子園の決勝戦がある。これが斎藤との神話を作り上げた。

早稲田実業との決勝戦は37年ぶりの決勝引き分け再試合。結局、再試合は3対4で涙を呑むことになり、田中の駒大苫小牧は準優勝、「ナンバー1」になれなかった。この時の強烈な思いが、後の斎藤と自分を比較する発言のはしばしに垣間見ることができる。

しかし、最速150キロの速球と高速縦スライダーを武器に、田中は高校通算458奪三振を記録、高校通算奪三振数、奪三振率とも横浜高校時代の松坂大輔を上回っており、周囲からは「怪物」「世代最強エース」などと評された。また、打者としても高校通算13本塁打を記録している。

競争のない「オンリー1」では寂し過ぎる。多くの人々がひしめく競争激化の分野で「ナンバー1」を目指そう。

その心意気さえあれば、たとえ「ナンバー1」になれなくても、あなたは必ず一角（ひとかど）の人間になれる。

39

「声に出す」宣言しよう。

今年の野球界の主役は俺たち楽天だ！

（2013年のキャンプの朝の声出しでの宣言）

「声出し暗示」のパワーを活用しよう

多分、楽天の選手全員がこの声出しをすることにより、脳は本気でチームを優勝に導く行動プログラムを作成してくれたはずだ。前にも少し触れたが（41ページ）、「自己暗示のメッセージ」はパフォーマンスに大きな影響を与えるスキルである。特に、声出しはその効果を増進させてくれる。

同じ状況でも、ピッチャーの心理により、結果はまったく異なったものになる。つまり、「このバッターに打たれるかもしれない」と考えるか、「このバッターを三振に討ち取れる！」と考えるかによって、結果はおのずから異なるのだ。

すべての行動を支配しているのが脳である以上、ネガティブな情報を脳に入力すると、脳はその情報にできるだけ忠実な行動プログラムを作成してしまう。

つまり、自己イメージが、その人間の夢の大きさを限定するのだ。プロ野球に限らず、あらゆるチームスポーツにおいて、戦力的に最も優れたチームが必ずしも優勝するとは限らない。そのチームに属するメンバーの「なんとしても優勝したい！」という思いが最も強いチームが優勝するのである。

日々、叶えたい夢を頻繁に声に出して自分に向かって宣言し続けよう。それがあなたを、大きな夢に近づけてくれる。

40

「心が決める」

勝負の法則。

結局いくら技術やコンディションが整っていても、
試合で力を発揮できるようになるには
気持ちの部分がしっかりしていないと、
持っている力も出せないと思う。

（2013年9月の雑誌インタビューで
「心技体のなかでも気持ちが一番大事ですか？」という質問に答えて）

「心」の大切さを再認識しよう

スポーツ界で言い古された言葉、それが「心・技・体」である。しかし、その順番は「体・技・心」であると、私は考えている。

まず「体」が万全でなければ、そもそもフィールドに立つことさえできない。「無事是名馬」という格言もあるように、まず身体を最高の状態に維持することが必須の要素。

次に「技」である。すべてのアスリートが最も関心を寄せるのが技であることは、紛れもない事実である。ほとんどの競技種目において、技が、同じ身体能力のアスリートの勝ち負けを決定する要素であることは疑う余地がない。

そして、体と技の部分がほぼ互角なら、両者を隔てるのは「心」の部分。この競争社会において、スポーツのみならずビジネスにおいても、常に接戦の連続である。レベルの高いゲームほど、体と技の部分では同等レベルのチーム・個人が本気でぶつかる。結局最終的に雌雄を決するのは、心の部分なのである。

どんな劣勢に陥っても、負けが決まるまで決してあきらめない。目の前の状況に一喜一憂しない不動心を維持する。すべて心の部分が大きく関与している。

キャリアを通して、田中が心の大切さを熟知していることがこの言葉からも理解できる。結局どんな分野においても、最終的に勝負を決めるのは心、なのである。

41

「自律する」

自分に従う。

チームがどこにあっても、
自分がやる野球は変わりません。
楽天は球団ができて何年もたっていないチームです。
その中で歴史を刻んでいけたらいいと思います。

（ドラフトの抽選で楽天に決まった後のインタビューで語った言葉）

何事も自律の精神で行動しよう

田中の生き方は、軸がブレないこと。彼には、自分の信じたことを貫き通す覚悟ができている。

心理学用語の「自律」こそ、やる気を奮い立たせる上で強力な起爆剤となってくれる。自律とは、他からの支配・制約などを受けずに、自分自身で立てた規範に従って行動することを言う。

このことで思い出されるのが、２０１４年１月にプロ野球殿堂入りを最年少で果たした〝ハマの大魔神〟こと、佐々木主浩（かづひろ）である。ある時、彼は、こう語っている。

「〝顔〟で抑えるんですよ。『あっ、佐々木が出てきた。もうダメだな』と相手に思わせて、無理矢理ねじ伏せてやる」（『ナンバーＷＥＢ』文藝春秋より）

バッターに「彼が出てきたら打てるわけがない」と思わせた時点で、ボールを投げる前からバッターはそのピッチャーに討ち取られている。だから、ただひたすら個の力を高めることに専念する。トップアスリートと言われる選手は、みなこのことを熟知している。

田中にしても対戦する一人ひとりのバッターの過去のデータに支配されることなく、自分の信じたやり方を貫いてバッターを討ち取ることにやりがいを見出しているはず。そのことが、彼の高いモチベーションを維持する秘訣にもなっているのだ。

第3球

〈本番力〉を鍛える

42

「プレッシャーを楽しむ」

本番力を支える。

プレッシャーはもちろんありましたけれど、
そういう状況でやることがプレーヤーとしての喜び。
勝つことで流れを変えられるんじゃないかと思っていた。
ネガティブに捉えないで、
ポジティブに捉えてマウンドに上がることができました。

（2017年10月8日アリーグ地区シリーズ第3戦でインディアンズ相手に好投した時に語った言葉）

「結果」より「今」に集中しよう

最初の2戦を敵地クリーブランドで連敗し、後のなくなったヤンキースは、この日、田中が先発登板。彼の伝家の宝刀であるスプリットの切れに、インディアンズのバッターは対応できず、何度かあったピンチにおいても、田中の緩急自在の知的なピッチングは冴え渡った。そして、終わってみれば、7回を3安打無失点、1四球、7奪三振。みごとな投球内容で田中は勝利投手となる。

その時に語ったのが右の言葉だが、田中にとってのプレッシャーは、凄い仕事をするためのエネルギー源になっていることがわかる。プレッシャーはその捉え方次第で薬にも毒にもなる。ポジティブに捉えれば、自分の味方になって凄い仕事をさせてくれるのだ。

一方、プレッシャー耐性の弱いアスリートの特徴は、周囲の期待に過剰反応し過ぎること。ピンチに陥った時、「ここをうまく切り抜けなければ」とか、「ファンの期待に応えなければ」といったネガティブな考えに支配されている。だから、肝心のここ一番という時に自分の力を存分に発揮できない。

結果に対する不安や恐怖を脳裏から潔く葬り去って、目の前の投球に意識を集中させる。長いキャリアを通して築き上げたこの思考・行動パターンが、田中の素晴らしい本番力を支えている。

43

「フォー・ザ・チームを貫く」

自己満足には限界がある。

今シーズンも24勝0敗の成績をあげられたら、と考えています。
可能性はゼロではないでしょう？　だったらチャンスに挑みます。
マウンドに登るときは、いつも勝つことだけを考えます。
24勝0敗の達成はかなりきびしいことですが、
可能性があるかぎり、あきらめません。

（2014年のメジャーのルーキーイヤーで、シーズンの抱負について語った言葉）

チームに貢献しない作業は捨て去ろう

田中にとっての至上命令はチームを勝利に導くこと。すべての行動はチームが勝利するためのものでなければならない。そのために、田中は「勝つ」という最大の目的を頭の中に叩き込み、ベストを尽くす。

田中の脳裏には「チームを勝利に導くために相手チームのバッターを抑え込む」というテーマが強く刻まれているはずだ。つまり、彼は自己満足のために投げているのではなく、チームの勝利のために投げている。

右の言葉に続けて彼はこう語っている。

「どんなシーズンでも、どんな試合でも、どうにか抑えていく術を見つけて、打者を上回る投球を僕はするだけです」

自分のためだけに頑張る人には限界がある。日頃から一緒に汗水を流してきたチームの勝利のためにと自分を奮い立たせるから、一球、一球に魂がこもる。そして、チームの勝利を目標に、自分磨きを怠らない。

たとえ面白い作業でも、チームに貢献しない作業は潔く捨て去ろう。もちろん、辛くても、チームの前進に寄与する作業なら、なんとしてもやり抜こう。この姿勢を貫くことこそ、肝心の本番で結果を出すための特効薬なのである。

44

「予測を覆す」

ひらめきに従う。

イチローさんはスプリットを意識してたんじゃないですかね。
だから手がでなかったんじゃないでしょうか。

（2015年6月15日にイチローと対戦した試合の第3打席でイチローを見逃し三振に討ち取ったことを振り返って語った言葉）

直感を働かせて仕事にのめり込もう

この日の試合でヤンキースはマイアミ・マーリンズと対戦し、イチローはマーリンズの2番・センターで先発出場。田中相手に4打数2安打、2－1でのマーリンズの勝利に貢献した。

1－1で迎えた5回、1死ランナー一塁2ストライク1ボールの場面で、田中の投げた球はこの日最速の95マイルの内角へのストレートでイチローを見逃しの三振に討ち取った。

試合後、イチローはこう語っている。

「先発ピッチャーとして１００球をどう組み立てるか、それがちゃんとできるピッチャー。相手としてやってこの試合だけでもそれがはっきりと見える。力を入れるところと抜くところをよくわかっている。結局2点しか取られてないもんね。そりゃ、十分エースになるピッチャーですよ。必ずゲームを作る。一番大事なことじゃないですか」

一流の野球選手には、相手に次を予測させないスキルが求められる。つまり、情報ではなく直感を研ぎ澄ませて対峙することが必要となる。ピッチャーとバッターの対戦は意外性の競い合いとも言えるのだ。一流になればなるほどその傾向が強くなる。直感とは、「目の前の状況を瞬時に判断して脳が発するひらめきに従って行う決断」と定義されるだろう。

田中やイチローのような域に達すると、相手の意図をみごとに外す術をしっかり身につけている。つまり、経験により培った相手の予測を覆す高次の直感が不可欠なのだ。

45

「最善を目指す」

本番に強い心の持ち方。

ぼくはピッチャーですから、
スコアボードにできるだけ
ゼロを並べていくことが自分の仕事だと考えて、
いつもマウンドに上がっています。

（2014年6月、マウンドに上がる時に大切にしていることに触れて語った言葉）

「完璧主義」より「最善主義」を選ぼう

最近話題のポジティブ心理学によれば、人間は2種類に分類できる。「最善主義者」と「完璧主義者」である。前者は、自分の身の上に起こる良いことも悪いこともすべて受け止めて、ベストを尽くすことに努める。だから心の起伏が生じない。

一方、後者は自分に起こった良くないことを認めない。その証拠に、彼らは自分に不利なことが起こったら途端に機嫌が悪くなる。たとえそれが、自分のせいで起こったことであろうとなかろうと、である。

「スコアボードをすべてゼロで埋め尽くす」というのが完璧主義者なら、「スコアボードにできるだけゼロを並べる」という田中流が最善主義者ということになる。

田中のような最善主義者は、良くないことが起こっても、機嫌が悪くなったりせず、すぐに気持ちを切り換えて次の一球を最高のものにすることに全力を尽くす。自分のピッチングや味方の攻撃に一喜一憂せず、スコアボードのゼロを一つずつ増やすことを目指して、平常心で毎回マウンドに立てるのだ。

本番では最善主義者が勝利する。特に長丁場の実力伯仲の戦いでは、心の安定がものを言う。完璧主義者が陥りがちな感情の起伏は、チームの総合力を低下させ、命取りになることが多いからだ。結局最善主義を貫く人間だけが着実に成長していける。

46

「ピンチを楽しむ」

人生の醍醐味。

流れが悪いときは、
「自分で変えてやる！」と思っている。

（試合における心構えについて語った言葉）

逆境があなたを育てる

心理学の分野で、「モチベーション」は大きなテーマである。今日も世界中で多くの心理学者がこのテーマの研究に明け暮れている。

最強のモチベーションは人それぞれ。臨床スポーツ心理学者としての私が田中の言葉を読み解くとすれば、彼を本気にしている最強のモチベーションは〝ピンチからみごとに脱出すること〟となるだろう。

順風満帆な人生なんてまったく面白くない。そういう声が田中の口から聞こえてきそうである。そもそも、常に順風満帆な人生なんて存在しない、と考えたほうがよい。

戦国時代から安土桃山時代にかけての山陰地方の武将山中鹿介（やまなかしかのすけ）は、優れた武勇の持ち主で「山陰の麒麟児（きりんじ）」の異名を取る。尼子十勇士（あまごじゅうゆうし）の筆頭として尼子家再興のために、「願わくば、我に七難八苦（しちなんはっく）を与えたまえ」と三日月に祈った逸話は有名である。

田中も逆境を好んで受け入れて、それを克服することに生きがいを感じているから、一流のピッチャーの仲間入りができた。

「逆境が自分を育ててくれる！」

この言葉を口癖にしてしまおう。それだけでなく、そう唱える習慣を身につけて、ピンチを脱出することを人生の醍醐味として捉えれば、あなたは一つ進化したことになる。

47

「逆境に感謝する」

反骨心の正体。

野村監督からはこれまで厳しいことを言われ、
何クソ、見返してやろうと。
でも、それも愛情だと思っていた。

（2009年10月、退任する野村監督の最後の試合後に語った言葉）

厳しいことを言ってくれる上司に感謝しよう

反骨心が田中のようなトップアスリートの飛躍を支えている。うまくいかないことがあった時、「オレは才能がない！」と考えて落ち込むのが並のアスリート。一方、「なんとしてもこれを乗り越えてやる！」とモチベーションを上げるのが一流のアスリートだ。

逆境に感謝して、「何クソ！」とファイトを燃やす。これこそ反骨心の正体。田中がドラフトに指名されて楽天に入団した時の監督は野村克也である。野村の持論に、「三段階理論」というのがある。

それは、「人間は無視・賞賛・非難の段階で試される」というもの。見込みが感じられない段階の選手は徹底的に無視する。少し可能性が見えたら、今度は賞賛する。そして、中心選手になった時点で今度は非難するのである。

もちろん、入団1年目の田中に対して野村は期待するあまり、厳しい言葉を発している。ルーキーの田中にとっては、とても辛い経験である。しかし、この状況をバネにして田中はどんどん心の中に反骨心を育てていった。

そういう意味では、厳しいことを言ってくれる上司に感謝しなければならない。成果が上がらなかった時、上司は自分の部下を発奮させて成長させたいから敢えて苦言を吐く。そう考えて、苦言をバネにすることにより、あなたの反骨心は着実に育っていく。

48

「苦手を喜ぶ」

できないことを知る。

自分にないものを求めていくのが人間だと思うし、
そりゃーピッチャーですから、
速い球を投げたいという気持ちはあります。
でも、今の僕のボールでは無理です。

（ルーキーの2007年シーズン、自分の投球スタイルについて語った言葉）

仕事上の苦手を補う工夫をしよう

もしも、田中がストレートだけに頼るピッチャーなら、ここまで活躍できなかっただろう。こんなエピソードがある。プロ1年目、当時の楽天の監督野村克也は、変化球を多用する田中に対して、「若者らしさがない」と繰り返し苦言を呈していた。野村にしてみれば、「打たれてもいいから、もっと真っ直ぐで勝負しないと」という思いがあったはず。だが、田中は、野村のそのアドバイスに耳を傾けることはなかった。

それどころか、「打たれて二軍に落ちるのは僕ですから」と言い返したという。

当時、田中はストレートに苦手意識があったのかもしれない。監督のアドバイスに従って打たれた場合、監督は責任を取ってくれない、という思いが田中にこの言葉を吐かせたと言える。

苦手意識が私たちを成長させてくれる。そういう意味では、私たちは苦手な仕事に感謝しなければならない。苦手意識がさまざまな工夫を呼び起こし、新たな努力のエネルギーとなる。あなたが最も苦手とする仕事を手帳に書き出し、それを補う工夫を生み出すために思索を重ねよう。

そして、果敢にそれに基づいた行動を起こす。それがあなたを飛躍させる起爆剤になってくれる。

49

「リスクを恐れない」

獲物は果敢に取りにいけ。

あの場面で変化球とかを投げて
引いてしまったら負けると思ったので、
行くしかないと思って投げました。

（2013年9月26日のリーグ優勝を決めた対西武戦の最終回のピンチを切り抜けたシーンを振り返って語った言葉）

失敗は〝ミステイク〟ではなく〝チャレンジ〟である

この試合４―３で楽天がリードして迎えた９回裏、胴上げ投手としてブルペン待機していた田中は、大歓声の中マウンドに上がる。内野安打、四球、犠打により１死二、三塁のピンチを招く。

続く３番栗山、４番浅村に対して全球ストレート勝負で連続三振に仕留め、両手を突き上げ歓喜の雄叫びを上げげた。後に、このシーンが２０１３年シーズンで最も印象深い瞬間であると田中は語っている。

とかく日本人は、リスクを恐れて守りに入ってしまう。これは祖先が農耕民族であることと無関係ではない。

一方、狩猟民族を祖先に持つ欧米人は、リスクを恐れず果敢に攻撃を仕掛ける。守りに入ると、獲物を取れず結局飢え死にするという事実を彼らはＤＮＡレベルで知っている。

これからの時代をリードするのは、田中のようなリスクを恐れず果敢に獲物を取りにいく人間だ。日本では、チャレンジに伴う失敗には〝ミステイク〟という良くないイメージがつきまとう。しかし、失敗は〝ミステイク〟ではない。〝チャレンジ〟なのだ。たとえうまくいかなくても、より良いチャレンジを繰り返すことにより、最終的に私たちは宝物を手に入れることができる。

50

「緊迫感を持つ」

一寸先はわからない。

5年後どうなっていますかね。
もともと先を見ない性格なので難しいです。
言ってしまえば計画性のない男なんでしょうけど、
5年先が確約されているわけではないので。
たった一球で〝ヒジがぶっ飛びました〟
〝野球はもうできません〟という、
いつどうなるかわからない世界なので想像がつかないです。

（プロ4年目のシーズンを終えて将来について語った言葉）

切実感を漂わせてベストを尽くそう

未来は目の前の一瞬一瞬の積み重ねにより作り上げられる。夢想家とは、バラ色の夢を空想するだけで、行動を起こさない人のことを言う。残念ながら、こういうタイプの人は、目の前の一瞬を大切にしないため、描く夢とは裏腹に明るい未来が訪れることはない。

少なくとも、田中はそのタイプの人間ではない。田中は、実際の行動しか信じない。彼はいつもマウンドで自分の投げる球を試している。少なくとも本番ではそうである。

切実感や切迫感を漂わせて、田中は目の前の一瞬の勝負に懸ける。本番での実験が田中を凄い投手に育てている。田中よりも多くの時間を練習に割くピッチャーを探すのは、あまり難しくないかもしれない。しかし、彼ほど緊迫感を持って今という一瞬に懸けているピッチャーを探すのは、それほど簡単ではない。

日本人は努力することが好きである。確かにスポーツの世界では、初期段階は練習量がすべて。小学校や中学校の野球クラブでは、最も練習したチームが優勝する確率が高い。しかし、高校野球になると、そうはいかない。猛練習だけでは限界があるのだ。いかに頭を使うか。そこが生命線になってくる。

プロレベルになると、絶対的な投げ込み量よりも投げるボール一つひとつのフィードバックが求められる。田中はそのことの大切さをどのピッチャーよりも心に刻み込んでいる。

51

「スランプを楽しむ」

試練があってこそ。

壁があるから楽しいんだと思います。
毎年、何の変化もなかったら楽しくないと思いますし、
それを乗り越えたときの、
できたという喜びがあるからこそ、
つらいことも頑張れるんじゃないかなと思います。
全部が全部、できちゃったら楽しいことがないじゃないですか。

（2011年シーズン前にそれまでの4年間のプロ生活を振り返って語った言葉）

スランプが訪れたことに感謝しよう

田中の２００７年からの楽天における7シーズンを振り返ってみると、一つの傾向が浮かび上がってくる。通算7年で99勝を挙げているが、奇数年で69勝（年平均17勝）、偶数年で30勝（年平均10勝）である。つまり、１年置きに好不調の波が来ていることがわかる。

12年のシーズンの成績は、10勝４敗、防御率１・８７。田中にしてみれば、やや不本意なシーズンであっただろう。４月には、腰痛のため2年ぶりの戦線離脱。7月にも、投球練習中に右脇腹に違和感を訴えて先発登板を回避。

しかし、８月26日の対日本ハム戦は延長10回を無四球完封で勝利し、ここから翌シーズンにかけての連勝記録をスタートさせることになる。

私なりに分析すると、偶数年にさまざまな壁が田中に立ち塞がり、それを乗り越えてきたからその翌年の奇数年に飛躍が訪れた、と考える。

もっと言えば、偶数年の試練があったから、彼は２０１３年のシーズンに最高のシーズンを迎えることができたのである。

目の前に壁が訪れ、スランプに陥ったら、私たちは、そのことに感謝しなければならない。あのイチロー選手も「スランプこそ絶好調！」という名言を残している。壁にぶち当たった時こそ、「先に良いことが待っている」とモチベーションを上げてベストを尽くそう。

52

「切り替える」

動作に表す。

よく吠えていますけど、
あれは気持ちのスイッチ。
冷静な自分もいます。

（2013年3月の雑誌インタビューで語った言葉）

感情コントロールの達人を目指そう

スポーツの世界において、気持ちの切り換えは、とりわけ重要なメンタルスキルとされる。スポーツ心理学の教科書には、「常に冷静に振る舞え！」と書いてある。

しかし、人間は神様ではない。感情の動物である。田中にしても相手に打ち込まれた時、たとえはらわたが煮えくりかえっていても、彼は表向きあくまでも冷静である。

良くない心理を溜め込めるだけ溜め込み、みごとに相手を討ち取り得点を与えなかった時、溜め込んだエネルギーを爆発させる。それこそ田中の言う〝気持ちのスイッチ〟である。

もちろん、自分にとって腹立たしいことが起こった時、それを動作に表して〝ガス抜き〟することも一つのメンタルスキルである。例えば、1メートルのショートパットをミスした時、全盛期のタイガー・ウッズはパターで地面を叩くことにより、気持ちを切り換えるスキルをマスターしていた。そして、次のホールでは平常心でプレーすることができた。

〝感情が態度や表情をコントロールする〟と私たちは考えているが、事実はそうではない。多くの場合、〝態度や表情が感情をコントロールする〟のだ。

私たちは笑いながら悲しい感情を抱けないし、涙を流しながら楽しい感情を持つことも、やはり困難である。気持ちのスイッチによりうまく感情をコントロールして、ベストパフォーマンスを発揮するスキルをマスターすれば、あなたも達人の仲間入りができる。

53

「不安を見せない」

思考は態度に表れる。

誰にも負けないという気持ちを、
見ている人、守っている人が感じるようにしたい。
打たれたらどうしようと考えると、
不安が背中に出て、守っている方も不安になる。
そういう姿だけはマウンドで絶対見せちゃいけない。

（雑誌のインタビューで大事にしていることに触れて）

ポジティブ心理学が人生を好ましい方向に導いてくれる

ポジティブ心理学は今最も注目されている心理学の分野の一つである。田中はどんなピンチに遭遇しても、常に前向きな思考を貫ける。

田中が右の言葉で主張しているように、人間が抱いているネガティブな思考はすぐに態度に表れ、直接周囲の人間に伝わる。それがチームの士気を低下させ、チームは負け組になる運命にある。

例えば、ここに才能がまったく同じ二人のピッチャーがいて、同じバッターと対戦するとしよう。ピッチャーAは、ポジティブに「必ずこのバッターを討ち取ってみせる！」と自信に満ちた表情で堂々とこのバッターと対戦する。

一方、ピッチャーBは、ネガティブに「このバッターに打たれるかもしれない！」と考えてしまう。もちろん、自信のない表情やオドオドした態度が他の選手に伝わる。

もちろん結果は、ピッチャーBはバッターに打たれる確率が高い。その人間の抱く思考が全体のパフォーマンスに大きく影響するからだ。

どんな逆境やピンチに見舞われても、メンタルスキルを身につけることができれば、前向きの思考を貫ける。田中のように、ピンチに遭遇しても前向きの思考を貫こう。そうすればあなたの周りで良いことが次々と起こり出す。

54

「立ち直る」

良いことも悪いことも忘れろ。

いや、あれは絶対泣いてないです！
（中略）今まで野球で泣いたこと、
1回もないですから。

（2007年のプロデビュー戦で打ち込まれて降板した後泣いていたという噂に触れて）

過去のことはすべて葬り去ろう

2007年3月29日の対ソフトバンク戦。この日が田中のプロ野球デビュー戦だった。しかし、1回3分の2を投げて6失点を献上して降板。ベンチに戻った田中は、左手に持ったタオルで顔を覆った。そのことについて田中はこう語っている。

「確かにVTRを見ても、泣いているように見えたんですけど、本当は泣いていないです。ドームで暑くて汗をいっぱいかいてたんで、「あー」みたいな感じで（タオルで顔をぬぐう仕草をしながら）こうやっただけです」（『週刊プレイボーイ』2007・5・21号より）

田中は自分の人生で、野球で泣いたことは一度もないと言う。この本の別のところで触れているように、田中は最後の夏の甲子園の決勝の再試合で、斎藤佑樹投手との投げ合いで最後のバッターになった後も泣くことはなかった。

デビューを飾ったソフトバンク戦でKOされた後もケロッとしていた。そのことを振り返って田中はこう語っている。

「次の日の移動の時はもう立ち直ってました。自分で言うのもなんですけど、僕、切り替えるのはうまいほうだと思うんです」

終わったことは悪いことはもちろん、たとえ良いことでも、潔く捨て去り、目の前の一瞬に意識を集中させる。この心構えはとても大切なことである。

55

「修羅場をくぐる」

本番に強い秘密。

まぁ、いろんなことの積み重ねでしょうね。
毎年、一つひとつのことを積み重ねて
ここまで来ていると思うので。

（雑誌インタビューでキャリアを積み重ねることの大切さに触れて）

厳しいキャリアを日々積み重ねよう

〝稽古場横綱〟という言葉がある。「練習ではめっぽう強いが、本番になると力を発揮できない力士」のことを言う。とかく日本人はやみくもに練習することを好む。だから、日々長時間かけて基礎練習に明け暮れる。

しかし、考えてもみて欲しい。本番でしか得られないことがこの世の中にはあまりにも多い。いくら練習で凄いパフォーマンスを発揮できても、それは本番では通用しないと考えたほうがいい。

2013年シーズン、パ・リーグ最優秀新人賞を獲得した楽天の則本昂大(のりもとたかひろ)が開幕投手を務めた時、田中は試合前に則本に「今できることをやればいい」というアドバイスを送っている。その一言に則本は勇気づけられたという。

このシーズン、24勝0敗という成績の裏で、田中は何度も土壇場のピンチに見舞われている。それを克服してみごとにチームを勝利に導いたのは、実戦で鍛えられた状況判断のスキルや、ピンチに動じない冷静さであることは明らかである。

真剣勝負の本番の舞台では、修羅場をくぐらなければわからないことだらけ。理屈抜きに本番における厳しいキャリアを一つひとつ積み重ねる。これができる人は、間違いなく次のステップに上っていくことができる。

56

「うろたえない」

やるべきことをやれ。

1年間試合を重ねていれば、
調子が悪いときもありますし、
全然思うように投げられない日もありますけど、
そういうときでも、
その中で今自分にできることを、っていうのは常々思っています。

（雑誌インタビューで普段心掛けていることに触れて）

自分にできることに意識を絞り込もう

本書の他のところでも述べたことだが、田中は典型的な楽観主義者である。その証拠にゲームでどんなにピンチに陥っても、うろたえない。平常心を維持して、ただ自分のやるべきことをきっちりやり遂げる。

この世の中は、うまくいくことよりもうまくいかないことのほうが圧倒的に多い。だから、人は悪い知らせよりも良い知らせを多く知りたがり、ネガティブな刺激を避け、ポジティブな刺激を求めたがる。

心理学者M・マトリンとD・スタングは、この心理を「ポリアンナの原則」と名付けた。1913年にエレナ・ホグマン・ポーターが書いたベストセラー小説『少女ポリアンナ』の主人公の名前に由来して命名された。

一般的には、この主人公のように、〝自分や他人の悪いところから目を背け、良い部分だけしか見ず、「現状に問題なし!」と自分で勝手に納得してしまい問題を解決しようとしない〟傾向を言う。

少なくとも田中は、そのタイプの人間ではない。どんな状況でも、自分にできることに意識を絞り込んでやるべきことをきっちりやっていく。目前の問題を先送りにしない習慣をつけることが、本番のピンチを乗り切る秘訣なのである。

57

「終点から逆算する」

結果をおろそかにしない。

たとえ、ここで1点取られてもしかたがないという場面でも、ぼくはぜったいゼロで抑えたい。

（マウンドに上がった時の気持ちについて語った言葉）

自分で決めた公約は遵守しよう

「どんな状況になっても絶対に得点を許さない」。これこそ、田中が一番大事にしている哲学だろう。たとえ満塁になっても絶対に得点を許さない。その哲学が田中に目を見はるパフォーマンスを発揮させている。

自分で決めた公約や目標は強い。一方、いくら素晴らしい目標でも、それが一方的にコーチや上司が決めたものであれば、モチベーションはあまり上がらない。

これはあくまでも私の推測に過ぎないが、田中は「絶対に得点を許さない」という終点から逆算して考える思考パターンがあるように思う。

もちろん他の大部分のピッチャーも相手チームに点を与えないと考えてはいる。しかし、それは今頑張れば相手に得点を取られないという短絡思考に過ぎない。もちろん、それはそれで大事なのだけれど、この考え方では「点を取られない」という終点はやはりおろそかになる。だから、相手のバッターを塁に出しただけでうろたえてしまい、簡単に得点を許してしまう。

結果という終点をしっかり意識しながら、それを実現するための行動計画について四六時中考えを張り巡らせ、それを果敢に実行する。自分で決めた公約を遵守する姿勢を貫けば、あなたのパフォーマンスは格段に進歩する。

58

「淡々とこなす」

いつも平常心。

積極的になるのはＣＳに限ったことじゃない。
レギュラーシーズンも一緒。
特に変わったことはない。

（２０１３年10月17日のＣＳファイナルステージを前にその意気込みに触れて）

同じ心理状態で対処しよう

この試合、田中は先発。ロッテ打線を散発7安打に抑え、2―0でみごとに完封勝利を挙げる。レギュラーシーズンで優勝したため、1ゲームのアドバンテージにより、2勝0敗と優位に立つ。

試合後、「序盤の2回で4本のヒットを打たれましたが？」という質問に、田中はこう答えている。

「いつもヒット打たれて、そこから抑えるのが僕なので。皆さんをヒヤヒヤさせてしまいますけれども、しっかりと0で抑えることができて良かったです！」

気持ちの動揺は、そっくりそのまま成績の不安定さになって現れる。言い換えれば24連勝という2013年シーズンの田中の凄い成績は、シーズンを通しての田中の心の平静さを象徴している。

田中は、どんなゲーム、どんな状況でも同じ心理状態で淡々と投げる能力を備えている。常に目の前の作業を最高のものにすることだけ考えて、淡々と自分の仕事をやり遂げることができる。

もちろん、たとえピンチに陥っても、気持ちの動揺をうまくコントロールできるから、みごとに切り抜けることができる。そこが田中の凄さなのである。

59

「集中する」

スイッチオン。

ユニフォームを着たら、
集中しようと思わなくても野球に集中できる。

（2011年3月、東日本大震災後の西武との練習試合で語った言葉）

「4種類の集中力」について理解しよう

田中は、ユニフォームを着た瞬間に「オフ」から「オン」に切り替わる。本気モードのスイッチが入り、自然に集中力が高まるようになる。これを心理学的には、「条件反応」と呼んでいる。

確かに、集中力はトレーニングによって、ある程度高めることができるが、重要なのはその集中力を本番でいかに維持するかだ。集中力は主に「集中力の範囲」と「集中力の所在」という二つの要素によって4種類に分類できる。

田中のピッチングにもこの4種類の集中力が存在する。

まず、内的に広く焦点を合わせる集中力。心の中で置かれた現在の状況を的確に把握することがこれにあたる。次に、外的に広く焦点を合わせる集中力。これは実際にキャッチャーとバッターに視線を合わせる作業を指す。

三つ目は、内的に狭く焦点を合わせる集中力。心の中で自分の投げるボールを決断する作業がこれにあたる。最後の4つ目は、外的に狭く焦点を合わせる集中力。実際にキャッチャーのグラブの一点を凝視して、そこにボールを投げることに意識を集中させる作業を指す。

以上述べた4種類の集中力を、時系列的に順を追ってうまく切り替えていく。田中は、これをきっちり実行できるから超一流なのだ。

60

「シンプルになる」

達成欲求を高めよう。

三振は一番簡単に
アウトを取る方法だから。

（2005年の明治神宮大会準決勝で勝利したゲーム後に語った言葉）

本気になる工夫をしよう

この試合で、田中の所属する駒大苫小牧は早稲田実業と対戦。0―3とリードされた4回1死から田中は登板して、みごとに逆転勝利を収める。田中は17個のアウトのうち13個の三振を奪っている。

その試合後に語ったのがこの言葉である。心理学でいう〝達成欲求〟は、私たちを「本気にさせる」欲求。田中はその欲求のパワーを他のどのピッチャーよりも強く脳に刻み込んでいる。つまり、「バッターを三振で討ち取りたい」といういたってシンプルなメッセージが、田中に抜群の成果を与えていると言えなくもない。

あなたの仕事で、田中の「バッターを三振で討ち取りたい」というシンプルなメッセージに当たるものは何だろう。

もしも、あなたがセールスパーソンなら、「セールスで社内ナンバー1になる！」というメッセージになるだろう。もしも、あなたが企画畑のスタッフなら、「売り上げナンバー1の商品を開発する！」と頻繁に唱えよう。

たった1行で表現できるあなたの達成欲求を高めてくれるメッセージを考えて、それを頻繁に見て声を出して読み上げよう。それだけであなたの達成欲求はますます増大し、大きな成果を上げることができるようになる。

61

「自分を追い込む」

土壇場力。

最後の最後だと、技術はあんまり関係ないんじゃないですか。
ピッチャーはやっぱり精神力が一番大事じゃないかと思うんです。
気持ちの強さは、もう絶対に負けないっていうふうに思っています。

（雑誌のインタビューで精神力の大切さに触れて）

率先して自分を追い込んでみよう

実際に数多くの修羅場をくぐってきた田中ならではの言葉である。2013年シーズン、たとえ相手チームにリードされても、味方の打線が援護してみごとに逆転勝ちを収めたゲームは少なくなかった。

運が良かったからではない。田中のオーラが勝利を導いたと、私は考えている。同じピンチの状況に置かれた時、他のピッチャーと精神状態がまるで違うのである。

田中は土壇場に追い詰められた時、「ここが自分の力量を試せるチャンス！」となお一層強気になって精神を奮い立たせることができる。

一方、並のピッチャーは、「大量失点になったらどうしよう」とうろたえる。そんな弱気な気持ちでバッターと対戦するから思った通りの惨めな結果となる。

漢字の発祥の地、中国では、「機」という漢字に二つの意味があるという。まず一つは「機会」の「機」。チャンスである。そして、もう一つの意味は「危機」の「機」。ピンチである。つまり、チャンスはピンチであり、同様にピンチは考えようによっては、チャンスなのである。

土壇場に身を置くことにより、私たちは火事場の馬鹿力を発揮することができる。理屈ではなく、率先して自分を追い込んでみよう。逃げ場がなくなった状況を自らで作り出し、数多く体験することにより、私たちは馬鹿力を発揮できるようになる。

62

「迎合しない」

自分のビジョンを持つ。

僕はもともと自分でいろいろと考えてやってるつもりなんで、監督に言われて特に変えたことはないですね。

（自分の信条について語った言葉）

自分のやり方を自信満々で貫こう

心理学者ド・シャームによる「指し手型人間」と「駒型人間」という人間分類のうち、田中が「指し手型人間」であることは、別の項で触れた（79ページ）。「指し手型人間」は自分の意思で行動できる。もちろん、上司としっかりコミュニケーションを交わして、自分の仕事へのこだわりを主張して自分のやり方を貫き通すことができる。

一方、「駒型人間」はビジョンを持たない。ただ上司の指示のまま忠実に行動するだけ。だから自信や信念は心の中には育たない。それだけでなく発想も出てこない。

個性とは、相違点。あなたという人間は唯一の存在であり、過去にも未来にもあなたと同じ人間は存在しない。それだけではなく、あなたと同じ思考・行動パターンを持っている人間もこの地球に存在しない。

周囲に迎合することなく、自分のやり方を自信満々の表情を浮かべて貫こう。それこそ個性の正体であり、独創性そのものなのだ。もしも、あなたが自分の信念に基づいた行動をとるなら、たとえうまくいかなくても納得できる。一方、第三者の指示により行動して事がうまく運んでも、なんとなく不完全燃焼感が心の中にくすぶる。

田中のように、自分で考え抜いた信念を徹底して貫き通す。自分のビジョンを強く持てば、おのずと道は開けるのだ。

第4球

〈プロ魂〉を磨く

63

「最高の自分に出会いたい」

もっと上へ！

２０２０年が五輪開催で自分は出られない立場にあった中、延期になって日本球界に帰ってきて出るチャンスがあるということなので選ばれるなら出たい。選ばれて断る理由はない。北京五輪に出たが悔しい思いをしている。自国開催だし、金メダルを取りたい。

（2021年1月30日に都内で行われた楽天復帰記者会見で東京五輪への思いについて語った言葉）

「自己実現」の欲求を満たそう

東京五輪で、もしも侍ジャパンに田中が加わったら、読売ジャイアンツの菅野智之投手との豪華な2枚看板は、金メダルを引き寄せる大きな力になる。

実は、田中は2008年の北京五輪に出場している。この時は中継ぎメンバーとしての出場だったが、日本は準決勝で韓国に敗れ、メダルを獲得できなかった。

メジャーでの高い評価も手に入れた田中にとって、地元日本での東京五輪で金メダルを獲得することは、残された自己実現の一つといっていいだろう。

半世紀以上も前に心理学者アブラハム・マズローがうち立てた「5段階欲求説」は現在も通用する夢実現法則である。彼はピラミッド型の5つの階層を構築し、一番下の階層に「生命の欲求」、その上に順番に「安全の欲求」、「親和・帰属の欲求」、「自尊心の欲求」、「自己実現の欲求」という4つの欲求を積み上げた。

マズローは、「自己実現の域まで到達できる人は全人口の1％未満である」と主張している。もちろん、田中が追求しているのは最上位の「自己実現の欲求」であることは論をまたない。

強烈なプロ魂を持った田中のような人間は、ワクワクするような自分と出会うために日々の努力を怠らない。私たちが学ぶべきはこの姿勢である。

64

「自分を日々肯定する」

ここ一番で力を出す。

開幕を迎えるまでにもちろん、緊張もする。
それを敢えて消そうとする気持ちもないし、
緊張するなら、したらいい。
自分自身でコントロールできるところをコントロールしながら
マウンドに上がれればいいかなと思います。

（2019年シーズンに4度目の開幕投手として登板するのが決まったことに触れて語った言葉）

プレッシャー耐性の高め方

２０１４年から２０１８年までのメジャーでの5シーズンで、田中は3度開幕投手に選ばれている。それまでの15年間のニューヨーク・ヤンキースの歴史で、開幕投手を3度以上務めたのは、ＣＣ・サバシアと田中の二人だけ。さらに田中は、この２０１９年に4度目の開幕投手に選ばれ、チームに勝利をもたらした。

どんなベテラン選手でも、開幕戦だけは特別に緊張するという。だが、田中はどんなに緊張する場面でも、自ら自分自身をコントロールする術を身につけている。これはスポーツ心理学で最も重要とされるメンタルスキルの一つであり、田中のプレッシャー耐性を高める大きな要素になっている。

並のアスリートは、緊張を強いられる重要な局面で、過剰に反応してしまい、自分の実力をわずかしか発揮できずに終わる。その結果、自分の才能に疑問を持ったり、夢の実現の可能性さえ否定してしまう。一方、田中のような一流アスリートは、極度にプレッシャーのかかる場面でも自分をコントロールできる。それを可能にしているのは、自分に対する強い肯定感だ。悲観的な状況も、自分への熱い信頼によって打ち消すことができる。

「自分はこの仕事に向いている」、「交渉なら誰にも負けない」といったメッセージを日々自分に送り続けよう。こうした「肯定的暗示」があなたに凄い成果をもたらしてくれる。

65

「自分に期待する」

逆境でうつむかない。

今のぼくがしなければならないことは、うなだれずに前をむいて、目の前の任務に集中し、負傷の治療に専念して、強くなってもどってくることだと考えています。

（2014年シーズンに右肘の損傷で戦線離脱したことについて語った言葉）

自分に前向きなメッセージを送ろう

メジャー1年目の２０１４年7月、田中は右肘靱帯部分断裂により戦線離脱。幸い１割未満の部分断裂であったため、ＰＲＰ再生療法によって復帰する。リハビリ中のブランクはあったものの、20試合に登板して13勝5敗、防御率２・７７、奪三振１４１という及第点の活躍をした。

良くないことが起こっても、田中ほど自分への期待を明言するアスリートはあまり見当たらない。日本人はまだまだこの点に関していたって控え目である。

どんな状況に陥っても、「自分のケガは必ず完治する」、「来年には、レギュラーの座を勝ち取る」、あるいは「もっと待遇のいい会社に転職する」など、将来のあるべき自分になることを思いっきり期待しよう。

それだけでなく、実現したらワクワクするような壮大な目標を持って、やるべきことをきっちりやり切ろう。

たとえ自分が定めた目標を達成しても、浮かれている暇はない。すぐに新たな目標を設定して新たな行動を起こそう。

田中のように、どんな逆境に見舞われても、ポジティブな言葉を発して自分に精一杯期待しながら努力を積み重ねる。これこそプロ魂そのものなのである。

66

「一流のプロの共通点」

上達の近道とは？

サイン通り投げるにしても
自分なりにしっかり意図を持って投げていたので、
今日はそれが上手くいってよかったです。

（2019年8月27日、マリナーズの菊池雄星との投げ合いで勝利した後に語った言葉）

いつも「意図」を持って練習しよう

２０１９年8月、メジャーリーグにおける田中とマリナーズの菊池雄星投手との初めての対戦が実現した。実は、日本のプロ野球では二人の対戦はない。試合前日、菊池は「僕が中学校の時から甲子園で（投げるのを）見ていて、憧れの存在。日本で対戦する機会はなかったんですけど、こうやってアメリカで対戦できるのは本当に幸せ」と語った。

この試合で田中は7回１０６球を投げ、３安打無失点１四球7奪三振の快投で6年連続二桁勝利を決めた。一方、菊池は4回94球5失点で降板。キャリアの違いを見せつけた。

著名な認知心理学者アンダース・エリクソン博士は長年スポーツ界のみならず、ビジネス界における卓越した成果を上げる人間のスキルの習得方法を研究している。

エリクソン博士によれば、「卓越した人間」に共通する一番重要な要素は、「彼らの練習法が並の人たちと一線を画している」点にあるという。ただし、それは、練習時間が並外れて長いことではない。一流のプロフェッショナルたちは、共通して「意図的な練習」を行っているというのだ。

田中は練習において自分の主張や意図を盛り込む姿勢を崩そうとしない。それは本番の試合においても同様だ。他人から与えられた練習法を唯々諾々（いいだくだく）とこなしているところに真の上達はない。「意図的な行動」の試行錯誤の先に、上達というご褒美がやってくる。

67

「めりはりをつける」

全勝の法則。

我慢することは我慢する。
やるときはやる。
めりはりですね。

（2013年沢村賞授賞式後の記者会見で、
「1年間いい投球を続ける秘訣は?」という質問に答えて）

状況判断能力を目一杯鍛えよう

２０１３年10月28日、プロ野球草創期の名投手、故・沢村栄治氏を記念した「沢村賞」の選考委員会が都内ホテルで開かれ、田中が満場一致で選出された。田中の同賞受賞は11年以来、2年ぶり2度目である。

沢村賞の基準となる7項目に着目すると、オリックス・金子千尋（現・日本ハム）はすべてクリア、田中は10以上の完投数を実現できず、8完投だったが、選考委員は、「今は分業制でチーム事情もある。勝率10割。他のピッチャーを寄せつけなかった」と説明した。

田中は、チームを勝利に導くことだけを考えている。最初からフルスロットルで投げると、途中で相手打線につかまってしまうし、最初から力をセーブすると、序盤戦で大量得点を取られて、やはりチームを勝利に導くことはできない。

状況に応じて、効率良く相手打線を抑えることだけを考えて投げたから、田中は前人未到の記録をうち立てることができた。

状況判断能力は脳における最も高次な機能の一つであり、脳の司令塔である大脳新皮質の前頭連合野（ぜんとうれんごうや）が司っている。その日の状況を総合判断して、脳のさまざまな領域と交信しながら最終的なアクションを決定するのである。常に状況判断力を働かせながら、長期的視野に立って判断を積み重ねれば、あなたも凄い成果を上げることができるようになる。

68

「仕事を楽しむ」

プロデューサーになろう。

自分でできることをやります。

（2013年日本シリーズの第6戦で敗れた後、第7戦に向けての決意について語った言葉）

仕事の裁量権を目一杯活用しよう

田中は自分がコントロールできることと、コントロールできないことをよく知っている。心理学の法則に、〝自分がコントロールできないことに過剰反応してはならない〟というのがある。

もしもあなたがビジネスパーソンなら、昇給や昇進はほとんどコントロールできない。なぜなら、自分以外の人間がこの決定をするからだ。だから、少なくとも企業のオーナー経営者以外の人間にとって、年収を増やすという典型的な外発的モチベーターに過剰反応しないほうがよい。

もちろん、昇進も自分ではどうしようもない、ままならない要素。このことにことさら躍起になってはいけない。

昇給や昇進という要素は、〝成果に対するご褒美〟という捉え方に徹するべきである。それよりも仕事の中に潜む、自分が100％コントロールできる魅力的なモチベーターを見つけて、そのことに照準を定めてベストを尽くす。その意味で自分の仕事の裁量権を確保することは、仕事を面白くするためにとても大切なこと。

裁量権を獲得して自分の仕事を100％プロデュースする。そうすれば、仕事であれ、趣味であれ、間違いなくモチベーションはアップする。

69

「当たり前を重んじる」

成功の方程式。

何も変わらないですよ。
目標とか、いまさら口にすることでもないと思いますし、
ずっと言ってきていますし、一番は最後までしっかりと
先発ローテーションで回っていくことだと思います。

（2013年シーズンの終盤の雑誌インタビューで「今後のテーマは?」という質問に答えて）

日々のルーティンワークを最高のものにする努力を積み重ねよう

先発ローテーションをきっちり守るという日常の当たり前の作業に最も重要性を置いていることが、田中のこの言葉からよくわかる。

日々、自分が決めた作業をしっかりやり遂げる。それは、崇高な目標を掲げることよりももっと大切なことかもしれない。

目の前の作業できっちり成果を出すこと。このシンプルな成功方程式が、私たちに新たな才能を授けてくれる。

しかし、これはあなたが思うほど簡単なことではない。

ここであらためて、田中が日米で未踏の金字塔24勝0敗をマークした2013年シーズンの主な成績を見てみよう。24勝0敗（勝率歴代1位）、防御率1・27（リーグ1位）、奪三振183（リーグ2位）。他にも、月間MVPを5回、沢村賞、最優秀選手、最優秀投手、正力松太郎賞特別賞など、多くの賞を総なめにした。

先発ローテーションをきっちり守るという当たり前の作業を実行してベストを尽くしたから、そのご褒美としてこれらの輝かしい成績や賞がある。

日々の辛いルーティンワークを最高のものにする努力を積み重ねよう。それがあなたに最高のご褒美を与えてくれる。

70

「問題点を探す」

接戦を制するには。

たしかに投げ方とか、体の使い方を変えていかないとダメだと思います。一軍で投げながら、常にもっとこうしたらいいのかなと自分の中で追求していっています。

（2007年8月の雑誌インタビューで自分の投球術について語った言葉）

自分の弱点や問題点を素直に受け入れよう

田中ほど自分に厳しいアスリートを私は知らない。

私たちは自分の最大の武器を誇示するが、ともすれば自分の弱点に目を背ける傾向がある。しかし、それでは現状打破は難しい。

この世の中は接戦だらけ。スポーツの世界はもちろん、多くの企業が実力伯仲の戦いでしのぎを削っている。だから、ちょっと油断しているだけで、すぐに足元をすくわれてしまう。相手は容赦なくあなたの弱点を攻撃してくるからだ。結果、長期間の努力も台無しになってしまう。

例えば、一見完璧に作られた防波堤も、ほんのわずかな、目に見えない亀裂があると、荒波によっていとも簡単に破壊されてしまう。つまり、いくら強固な武器であっても、些細な欠点が命取りになる。だから自分の欠点や問題点を素直に受け入れて、日々それを改善する努力を積み重ねよう。

まず自分の最大の弱点を紙に書き出そう。そして、その弱点をなくすための行動を日々繰り返そう。

これは一朝一夕にできることではない。自分の最大の武器ではなく、最大の弱点を及第点に押し上げる努力を怠らないことにより、あなたは着実に進化していける。

71

「ときには我慢する」

自分を受け入れよ。

（調子は）悪いときのほうが多いと思いますよ。だから、試合中は悪いところを考えすぎない。考えたら余計悪くなっちゃうんで。

（登板する時に心掛けていることに触れて）

飛び切りの楽観主義者の仲間入りしよう

多くの人々がちょっとした誤解をしている。楽観主義者とは「良いことに反応して前向きに考える人」、悲観主義者とは「良くないことを捉えて自信をなくしてしまう人」――。しかし、明らかにこの定義は間違っている。

楽観主義者とは、「良くない事実をありのままに受け止めて、そこからの打開策に最善を尽くせる人」のことを言う。そして、悲観主義者とは、「良くないことに過剰反応して、何の打開策も打たない人」のことを言うのだ。

もしもあなたが楽観主義者の仲間入りをしたかったら、まず事実をありのままに受け入れることから始めよう。そして、それを克服することに全身全霊をかける。そういう態度を貫けば、どんどんあなたは成長していけるようになる。

2013年4月23日の対オリックス戦。試合は9―3で楽天の勝利。田中は完投し、勝利投手になったものの、シーズン最多の15安打を浴びた。とにかくオリックスの猛攻をしのぎ続けての勝利である。試合後、田中はこう語っている。

「我慢、我慢……。我慢していれば良いことがあるな!って思いました」

良くない時でも、モチベーションを落とさず我慢して踏ん張ること。これができてこそ真のプロフェッショナルなのである。

72

「緩急をつける」

自己コントロールの天才。

三振に対する執着心というんですか？
それがほとんどないですね。
（中略）プロの選手から、そんな簡単に
三振を取れるものではないと思っています。
あんまり力んでドンドンいくと、
マイナス面の方がすごく多くなってしまうと思うんで……。

（「三振への執着心はあるか？」という質問に答えて）

抜くのが上手い達人を目指そう

自分のスタイルを確立する。これは大切なことである。田中には、「力でバッターをねじ伏せる」という意識が存在しない。

このことに関して、駒大苫小牧で田中を指導した香田誉士史さんは語っている。

「将大は自分をコントロールするのがうまい。エンジンをかけたり、スイッチを入れたり、消したりできるんです。だからたいして投球練習をしなくても、いきなりマウンドに行ってガーンと投げられちゃう。それに、練習でも試合でも他には見えないぐらいの感じで力を抜く。そこもうまさだと思いますね」（『「田中将大」完全読本』宝島社刊より）

確かに、一流のアスリートは、抜くのが上手い。その例で思い出すのが、現役時代のウサイン・ボルトである。彼は準決勝のレースの最後に手を抜く術を身につけていた。

「もっと気合を入れて走れば、もっといい記録が出るのに……。最後は横を向いて流している」と、ファンは言う。しかし、あれができたからボルトは偉大なのだ。出場するレース全体をイメージして、抜くべきところで抜いているから、肝心の決勝のレースでぶっちぎりでゴールに飛び込めたのだ。

緩急をつける術をマスターしよう。そうすれば、肝心の大事な場面でフルパワーを発揮して成果を上げることができるようになる。

73

「テンションを上げる」

ギアを変えろ。

毎回ギアを入れていたら長いイニングはもたないです。
抜きどころ、入れどころはもちろんありますから。
〝ここは本当に勝負どころや〟
〝ここを抑えたらこのゲームものにできる〟という時はバンッと入ります。
自分で自分を追い込んで奮い立たせている、
という言い方が正しいのかもしれません。

（普段からピッチングで心掛けていることに触れて）

最適なギアを入れて仕事に打ち込もう

多くのピッチャーが最初から全力で打者と対峙する。しかし、残念ながらそんな単純な力の配分では、後半でへばってしまい終盤メッタ打ちにされる運命にあう。田中の脳には高度なギアシフトの機能が存在する。前項の「緩急」のテクニックにも通じることだが、ここぞという時のために力をコントロールすることができるのだ。

例えば、接戦のままゲームの終盤に入った時、フルパワーを発揮する瞬間が訪れる。それを田中は、「ギアがトップに入る」という言葉で表現する。そのことについて、彼はこう語っている。

「ギアがトップに入る時はわかります。〝いやー、今オレきてるわー〟って。表現すると、テンションが上がって燃えたぎっているのに、冷静な自分がいるんです。そういう状態で打たれたこともあるかもしれないですけど、自分の中では打たれた記憶はないです」

常に感性というレーダーを目一杯働かせながら、多段階のギアを駆使して最適なギアに入れる能力が、田中はずば抜けているのである。時には最高のテンションで相手に立ち向かっていくことの大切さを、彼は他のどのピッチャーよりも自覚している。

これはビジネスの現場でも適用できる。自分の仕事全体を俯瞰して力を温存しながら、決めるべき時には最高のパワーを発揮することも大切なスキルなのである。

74

「プロに徹する」

目標はナンバー1。

いずれは日本球界を代表する選手になりたい。
チームに勢いを与えられる、勝てる投手になりたい。

（楽天の入団記者会見で語った言葉）

持論系モチベーションを心の中に満たそう

プロ野球のドラフト会議の歴史を紐解くと、指名されても特定の球団にしか行かないと入団拒否をする選手は枚挙に暇（いとま）がない。その意味でも、当時弱小球団であった楽天に、笑顔で入団する意思を表明した田中の心意気は本当に素晴らしい。ドラフトの抽選で楽天に決まった後のインタビューで、彼はこう語っている。「チームがどこであっても、自分がやる野球は変わりません」。

一般の高校生が抱くだろう漠然とした「希望系モチベーション」と違い、田中が持っているのは自分の主張に基づく「持論系モチベーション」である。

多くの高校生がなりたい理想像を脳裏に描く。「私の目標は球界ナンバー1投手になること！」。これは希望系モチベーションの典型例。しかし、残念ながらそのほとんどは夢だけで終わる。

もちろん、田中にもこのモチベーションがあることは否めない。しかし、「オレはこんなピッチャーになりたい！」という持論に基づいたモチベーションは希望系モチベーションよりも何倍も強烈なのである。

「私はこんなプロフェッショナルになる！」という主張を堅持しよう。ナンバー1を目指す人の大切な心構えである。

75

「素直に学ぶ」

お手本を持とう。

投手の方に比べて野手のイチローさんとは
あまり接する機会がなかったのですが、
毎試合しっかりと準備してルーティンを守っていた印象があります。
球場に最初に来ていたり。イチローさんにとっては当然のことでも、
僕からしたら〝イチローさんでもそんなことしてるんだ〟
と感じさせてくれる大きな存在でした。

（2009年に開催されたWBCのことを振り返って語った言葉）

「学ぶ」と「習う」を目一杯活用する

田中は、お手本のアスリートから素直に学べる数少ないアスリートの一人である。2009年のWBCでも、きっちりイチローの行動から学ぶべきものを取り込んでいた。

実は、「学ぶ」という言葉は「真似ぶ」からきているという。まず何も考えずにできるだけ忠実に真似ることから始めてみよう。そうすれば、効率よく一流人のやっていることを取り込むことができる。

田中はこのWBCで、ダルビッシュ有からも多くのアドバイスをもらっている。その時のことを振り返って、彼はこう語っている。

「ダルビッシュさんにはいろんなことをアドバイスしてもらいました。力まずにいいストレートを投げるためのアドバイスや、フォーム、感覚の話。これは3年目の成績にも関係してきたことです」

また、「習」という字体は、「羽」と「白」から成るが、これは雛鳥が親鳥から「羽」の動かし方を教わることを意味している。「白」は雛鳥を指す。「学ぶ」が知識やノウハウを獲得する色彩が濃いのに比べ、「習う」は所作をマスターする時に使われる。

人間の脳が保有している「学ぶ」と「習う」の機能を目一杯活用すれば、あなたはなお一層効率的に技を獲得できるようになる。

76

「結果を出す」

勝つことがすべて。

本格派だろうが、何派だろうが、
抑えりゃいいんですよ。

（プロ1年目で11勝を挙げ、新人王を獲得した後に語った言葉）

四六時中勝つための準備をしよう

ここで田中のプロ野球1年目の成績を振り返ってみよう。初登板で、田中は厳しいプロの洗礼を浴びる。2007年3月29日のソフトバンク戦で1回3分の2を投げて、打者12人に対し6安打、6失点。ホロ苦いデビューとなった。

初勝利は登板4試合目の4月18日のやはりソフトバンク戦。田中は、9回2失点13奪三振で初完投初勝利。

さらに、この年のオールスター戦にファン投票で選出される。そして7月10日には、早々と100奪三振を記録。

この記録は、高卒新人としては史上6人目の偉業である。しかも、江夏豊に並ぶ96回3分の2という史上最速タイのオマケまでついた。そして、8月31日の西武戦で球団史上初となる高卒新人での2桁勝利を挙げる。

いくら努力しても、成果を上げなければ評価されない。もっと言えば、手法はまったく問われない。たとえ練習をさぼって昼寝をしていても、夜は遅くまで飲み歩いていても、実戦で成果を上げていればそれでいいのがプロの世界なのだ。

田中のように、四六時中勝つための準備をしよう。あるいは、勝つために必要な具体策を必死になって練り続けよう。それがあなたに新たな才能をプレゼントしてくれる。

77

「目の前を見る」

結果論に惑わされない。

人生をすごく先まで見て、
考えて過ごしている人もいると思います。
それはそれですごいなと思いますけど、
僕はビジョンを持たずに一歩一歩上がっていこうと。

（自分の野球観について語った言葉）

地面に足をつけて一歩ずつ前進していこう

「夢」という言葉はとても魅力的である。しかし、とても危険でもある。例えば、「夢想家」という言葉がある。辞書で調べると、その意味は、「実現できそうもないことを考える人」とある。

誰もが「夢を叶えたい」と願う。また多くの自己啓発書にも夢実現の願望を強く持つことの大切さが説かれている。確かに、イチローも、ゴルフの石川遼選手も、そしてサッカー選手として大きな成功を収め、サッカークラブ経営者としても知られる本田圭佑(けいすけ)選手も、小学生の頃の作文で自らの壮大な夢を書き記し、それを実現した、と話題になった。

しかし、彼らと同じように、作文に大きな夢を書き記して、大人になってその夢を叶えられなかった人間のことは語られない。その違いは、ただ漠然と「こうなりたい」と夢想していただけの人間と、その実現に向けての行動を起こした人間との違いに凝縮される。

大きな夢を追い求めることは大事だが、夢想するだけで行動しない人間が夢を叶えることなど到底できない。だから、田中のように、しっかりと地に足をつけて、目の前の作業で成果を上げることに専念する。そのことを肝に銘じよう。

夢に思いを巡らすことはいったん横に置いて、日々やるべき目の前の作業をきっちりと成し遂げる。結局それが夢を実現する一番の近道なのである。

78

「破天荒に考える」

遊び心を持つ。

やってみたいのは、27球で完封ですかね。
だって、相手が1球でも見送った時点で、
終わりですからね（笑）。
絶対に無理なので、やってみたいですよ、それは。

（究極のピッチャー像について語った言葉）

壮大な夢を描いて努力を積み重ねよう

この言葉から、一人も塁に出さない完全試合に留まらず、田中はとてつもない夢を抱いていることがわかる。心理学者ウイリアム・ジェームズの次の言葉を噛みしめよう。
「人は概してその人間が思い描いた通りの人間になる」
これを私なりに言い換えれば、「私たちは自分の描く以上の人間にはなれない」となる。田中のこの言葉は、一見できそうもない究極のパフォーマンスを脳裏に描いている事実を表している。

人間を向上させるのは、才能ではなく、その人間の描く志の高さにある。ほとんどの人が常識的な控え目の夢を描く。残念ながら、この人たちはその夢以上の夢を実現することはほとんど不可能である。

ほんの一握りの「オーバー・アチーバー」（53ページ）と呼ばれる人間だけが、突飛な発想や破天荒な思考を描いて、それに少しでも近づこうと必死になる。それが彼らに高いレベルの仕事をさせている。

到底実現できない完璧な自分を描くことによって、自分をワクワクさせてみよう。あるいは、他人に話したら一笑されるような、破天荒な人生設計を考え出そう。そんな遊び心が、あなたの器をなお一層大きくしてくれる。

79

「向上心を忘れない」

夢中になれ。

誰よりもいいピッチャーになりたいという気持ちはありますけど、
それは最終的なものというか、まだまだ遠い目標。
まずは、自分の置かれている状況、目の前の課題を消化していって、
自分のものにしていくこと。
それでどんどん向上していければと思っています。

（雑誌のインタビューで「球界で一番になりたいという気持ちはありますか？」という質問に答えて）

仕事の向上心をくすぐる環境整備に努めよう

プロの仕事というのは、たいてい日々泥臭いルーティンワークの繰り返し。金銭報酬と引き換えに自分の時間を差し出している人も少なくない。

しかし、それだけでは、働くことはつまらないものになってしまう。もしもあなたがフルタイムのビジネスパーソンとして定年まで働くなら、あなたの人生の中で、仕事に費やす時間が最大のものとなる。

それならば、〝向上心〟をテーマにして目の前の作業で夢中になれるようにしよう。そうすれば仕事はもっと楽しくなる。

著名な心理学者デビッド・マクレランドは、「達成動機」が喚起されやすい状況の一要素として、「成功裡に達成できるかどうかは運ではなく努力次第である」と結論づけている。

それに加えて、成功する確率が五分五分であることも大きな要素であるとマクレランドは強調する。つまり、50％の確率で自分の努力によって達成できることに、人間は夢中になれるのだ。その作業の内容が面白いかどうかは、あまり関係ない。

もちろん、そこには個人差がある。あなたの仕事の向上心をくすぐる環境整備に努めよう。そうすれば、黙っていてもモチベーションが上がって、仕事の成果に大きく貢献してくれるようになる。

80

「余裕を持つ」

マウンドは実験場。

打者を打ち取ろうとするよりも、
そこであえて打たせるとかですかね。
凡打に打ち取るのではなく、打たせる。
状況や点差に余裕がないとできないことですけど、
ただ単純に抑えるのではなく、試すというか。

（2012年4月の雑誌インタビューで語った言葉）

本番でしか磨かれない技もある

いざ本番でテンションをマックスにすることは大事だが、その状態をずっと続けることなど不可能。自動車のハンドルをイメージして欲しい。ハンドルに「遊び」があるから、車は事故を起こすことなく前に進んでいくことができる。力ずくで相手を討ち取ろうとすると、「心のハンドル」に遊びがなくなるから、結局うまくいかない。

田中にとってマウンドは自分の力量を確認する舞台である。あらゆる情報が事前に簡単に手に入るこの情報化社会においても、いざ本番という舞台でしかわからないことはあまりにも多い。本番で試すことによってしかわからないことだらけ、といっても過言ではない。

いくら練習で凄いパフォーマンスを発揮しても、それはたいてい本番では通用しない。なぜなら、本番で起こる状況は無数といってよく、しかもそれは目まぐるしく変化するからである。つまり状況処理能力は、本番でしか磨かれないのだ。

そのことの大切さを、田中は他の誰よりも深く脳裏に刻み込んでいる。

相撲で言えば、二枚腰、三枚腰を発揮して、相手の攻めを封じ込む。敢えて自ら修羅場を作り上げて、それをみごと切り抜ける術を試す。田中はこれを本番で当たり前にやってのけているのである。

81

「覚醒レベルを上げる」

声援の効能。

皆さんの声援が自分の力になっていると感じるのは、
特に試合の終盤ですね。
緊迫した場面で大きな声援を送ってくれると、
マウンドでも聞こえますし、
それで気持ちが高ぶることもよくありますし。

（ファンの力の大きさについて語った言葉）

ファンを満足させるパワーは無視できない

2013年のシーズン、ファンの声援をエネルギーに変えて田中は連勝街道を驀進(ばくしん)した。ファンの応援力は無視できない要素である。その証拠に、プロスポーツにおいて、ホームチームのほうがアウェイチームよりも勝率は圧倒的に高い。

楽天のファンに勝利をプレゼントしたい。そういう思いが田中の投げるボールに加わって、バッターのバットが空を切る。そんなシーンを見せつけて、彼は楽天のファンを喜ばせた。

顧客を満足させるのがプロフェッショナルの使命。そこで、スポーツ心理学でいうところの、心身の状態を高める「サイキアップ（精神的活性化）」は、とても効果的なメンタルスキルである。例えば、ラグビーの選手がロッカールームで円陣を組んで大声を出し、自分の頬を両方の手の平で叩いてスタジアムのフィールドにドドッとなだれ込んでいく。

これは覚醒レベルを上げて爆発力を発揮させるためである。格闘技や、爆発的な力を発揮させなければならない重量挙げの選手が多用しているテクニックだ。もちろん、田中もファンの歓声をエネルギーに変えて、覚醒レベルを上げるスキルを持っている。

あなたのファンは誰だろう。彼らの顔を頻繁にイメージして、彼らを満足させる気持ちを高ぶらせよう。そうすれば、これまでに経験したことがないほどモチベーションの上がっている自分を発見できる。

82

「力を温存する」

ピンチに燃える。

ピンチの粘り強さや、ここぞという時に一番力が出せる。
気持ちの持ちようですね。
ピンチになればなるほど、アドレナリンというか、
そういうものがすごい出て来るのが自分でわかるし、
とりあえずもうほんとに、相手に向かっていくだけですね。

（雑誌のインタビューでピンチの切り抜け方について語った言葉）

力を配分する能力を鍛えよう

田中の凄さはピンチの時に発揮される。例えば、走者が塁に出ていない時には、彼は余力を残して投げている。そして、ピンチになった時、持てる能力をフル稼働して完璧に抑えるわけである。

たとえバッターを出塁させても、絶対に点を与えない。ただし、なにがなんでも抑え込むのではなく、心の余裕を持って投げ、凡打に討ち取り、得点を許さない。この心の余裕が田中の真骨頂である。

田中のような完投型のピッチャーには、ゲーム全体をマクロにイメージする能力が求められる。その点において、彼の右に出るピッチャーはいない。初回からフル稼働で頑張り過ぎたら、とても最終回まで持たないことを田中は知っている。

たとえ満塁になっても、決して彼はうろたえない。ピンチになればなるほど、燃える。そんな時こそ、最高の持ち球をキャッチャーのミットに投げ込んでいく。

並のピッチャーなら、目の前のバッターを討ち取ることに精一杯。だから、バッターが塁に出たら、途端に冷静に状況判断することを忘れ、うろたえてしまう。

これはビジネスの現場にも通用する。仕事全体を見通して、最終的に大きな成果を上げるために力の配分を心がけよう。そのことで仕事の質も格段に向上する。

83

「バックを引っ張る」

大丈夫、ついてこい。

3年夏の甲子園の初戦（南陽工戦）が終わったあとに、

「みんなはお前の背中を見て守ってるんだ」

と言われたことが一番残ってますね、僕の心の中で。


（駒大苫小牧野球部の香田誉士史監督に教わったことで一番大事にしていることに触れて）

チームのプレイング・リーダーを目指そう

野球におけるチーム・リーダーが監督なら、プレイング・リーダーはピッチャーで間違いない。もちろん、キャッチャーがプレイング・リーダーである場合も否定できないが、パフォーマンスによってそれ以外のプレーヤーを引っ張っていくのは、ピッチャーしかない。

駒大苫小牧時代、他の選手への気遣いを込めて、田中はこう語っている。

「自分が投げていて顔に出したり、苦しそうな顔をしているのをバックが見たら、気を遣わせたりしてよくないですし、流れもよくならない。自分がどんどん気持ちを前に出してやって、みんながよーしというふうになったら流れもよくなってくるんで……」（『週刊ベースボール』２００７・１・22号より）

この言葉からも、ピッチャーである自分自身がチームのムードを好ましいものに変えていけば、それぞれの選手が目一杯潜在能力を発揮してくれることを田中が熟知していることがよくわかる。プレイング・リーダーである田中のオーラが他のプレーヤーに伝染してチームのムードがどんどん好ましいものに変わっていくのだ。

たとえピンチが訪れても田中の背中が「大丈夫！　僕たちのチームはこのピンチを必ず切り抜けられる」と他のプレーヤーに語りかけるから、全員が一丸となってピンチに立ち向かえるようになるのである。

84

「吸収する」

好奇心を持て。

僕は、野球にとどまらず、
いろんな経験をされている方の話を聞くことがおもしろいんです。
野球と関係なく、いろんな業界や職種の話に興味があるんですね。

（2011年2月の雑誌インタビューで語った言葉）

好奇心を働かせて潜在能力を発揮しよう

田中は好奇心のかたまりである。

例えば、ダルビッシュ有から投球術に関する厳しいアドバイスを受けたり、藤川球児の投げるストレートに大きな刺激を受けたり、これまで機会を見つけては吸収できることを貪欲に取り込んできた。

好奇心こそ、私たちを進化させてくれる原動力。なぜ人間だけがこのように進化したか？ その有力な理由の一つが好奇心である。原始時代、それまで密林に住んでいた私たちの祖先はサバンナに出た。

なぜ、人類の祖先は、食料も豊富で天敵もあまりいない比較的安全な密林から、食料や水が不足して猛獣の多い危険なサバンナに出たのか？ 専門家によると、その理由は、好奇心でしか説明がつかないというのだ。

ただ漫然と日々のルーティンワークに打ち込むだけでは、なかなか好奇心は生まれてこない。結果、脳が最も得意とする創造力や直感力といった、これからの時代に不可欠な資質の扉が閉ざされる運命にある。

田中のように目一杯好奇心を働かせよう。そうすれば脳の扉が解放され、あなたの潜在能力が面白いくらい仕事に反映されるようになる。

〈感謝〉をバネにする

85

「周囲を巻き込む」

誰のために頑張るか？

こだわりたいタイトルは日本一。
いいピッチングをしていれば数字はついてくる。
2013年で皆さんの印象が止まっている部分はあると思う。
求められるハードルは高いと思っている。
そこを飛び越えてやる、っていうのもやりがいとしてある。
1試合でも多くチームに勝利をもたらす投球ができればいい。

（2021年1月30日に都内で行われた楽天復帰記者会見で語った言葉）

「セルフセオリー」と「ワールドセオリー」

２０２１年の田中の日本復帰時の契約は2年契約、年俸9億円（推定）。これは読売ジャイアンツのエース菅野智之の年俸8億円を上回る日本プロ野球史上最高額である。基本的には2年間楽天でプレーすることになっているが、１年後に契約破棄の権限が田中側にあるという「オプトアウト契約」になっている。

そのことに関して、田中はこう語っている。

「2年という契約になっているが、１年が終わった段階で、球団といろいろな話をする機会は設けてもらっている。どうなるか自分でもわからないが、まだアメリカでやり残したことがあるとは思っている。そこに関しての選択肢は捨てきりたくなかった。ただ、決して腰掛けではなく、日本一になりたい。イーグルスでプレーしたいと思った」

誰のために頑張るのか？　自分が良ければいいというのが「セルフセオリー」。キャリアの浅い半人前のプロなら「セルフセオリー」を貫いて、ひたすら技を極めなければならない。

一方、周囲の人も巻き込んで、みんなで良くなろうというのが「ワールドセオリー」。キャリアを積んだ一人前のプロなら「ワールドセオリー」を優先させなければならない。そこには、日本、アメリカといった国境はない。周囲に感謝し、周囲を元気づけようとするところに、トップアスリートだけの進化の秘密が隠されている。

86

「感謝が運を呼ぶ」

「善行」には「善果」あり。

普段の行ないが野球に出るので
グランドのゴミをそっと拾ったりします。

（2009年当時、雑誌のインタビューで普段行っていることについて語った言葉）

小さな善いことで「運」を引き寄せよう

グランドのゴミ拾いとは、少し意外なトップアスリートの行動と映るかもしれないが、田中はゴミを拾う理由について、「(ゴミを拾わないと) なんか気持ち悪いというのはありますね」と語っている。

同様に、二刀流・大谷翔平選手も進んでゴミ拾いをしているという。ある時道を歩いていると、ゴミが落ちているのが目に入った。その横を通り過ぎようとすると、「お前、それでいいのか?」と言われたような錯覚に陥ったという。それ以来ゴミ拾いが身についたとのことで、「他人がポイッと捨てた運を拾っている」のだそうだ。

「一人ひとりの人間の運の総和は同じである」という〝神話〟がある。総和が同じなら、ツイてる人、ツイてない人という区別はあまり意味がなくなり、運をいつ、どのような場面で使うかの違いだけ、ということになるが、私はそうは思わない。運は人を選ぶ。運は田中や大谷のような、小さな善行をする人にすり寄ってくるのだ。

世の中には、飛ぶ鳥を落とす勢いで栄華を極めたかと思うと、瞬く間に華やかな表舞台から消えてしまう人が珍しくない。そんな人は運を使い果たしたのではなく、一時の栄華に浮かれて地道な善行を忘れてしまい、運から敬遠されてしまったのだ。感謝の心を持ちながら地道な善行をやり続けることが、運と善果を引き寄せる大きな力となる。

87

「憧れの人を持つ」

近づくための努力。

ぼくたち日本人選手は、
全員、野茂さんの功績に感謝しています。
ぼくたちに希望を与えてくれたのが、
野茂さんでした。

（2014年4月9日のヤンキースタジアムデビュー戦後、
メジャーへの扉を開いてくれた野茂英雄について語った言葉）

「メンター」があなたの成長を加速させる

２０１４年4月のヤンキースタジアムでのデビュー戦、田中の相手はボルティモア・オリオールズ。二回表に田中はスリーランホームランを浴びるが、その後ヤンキース打線が3点を挽回し、それ以降7回まで得点を与えず、勝敗がつかないままマウンドを降りる。

試合後、野茂英雄と田中を比較する論評が見受けられたが、田中自身が野茂のことをどのように捉えていたかは、右の言葉からうかがい知れる。

あらためて野茂の輝かしい成績を見ておこう。プロ野球の近鉄時代の5年間の成績は、１３９試合に登板して78勝46敗、防御率3・15。メジャーでの成績は、３２３試合に登板して、１２３勝１０９敗、防御率４・２４という堂々たるものだ。

野茂の全盛期の最終年は、16勝を挙げた２００３年であるから、当時中学3年生だった田中は彼の活躍を知っている。野茂は田中にとっての「メンター」だった。

メンターとは、本来は「助言者」を意味する言葉だが、私は「憧れる人」、「追いつきたい人」と定義している。メジャーを志向する若き田中にとって、トルネード投法でメジャーのバッターを次々となぎ倒す野茂の存在は、まさに希望の星のメンターだったに違いない。

あなたにとってのメンターを見つけよう。そして、感謝の気持ちを忘れないでその人に近づく努力を始めよう。メンターがあなたを、ゴールの高みに引き上げてくれる。

88

「良き指導者につく」

学び、感謝する。

「また帰ってきました」ということ。シーズン後に日本一になりました、と報告することができるなら、一番いい。

（2021年1月30日に都内で行われた楽天復帰記者会見で田中が指揮を仰いだ野村克也と星野仙一について語った言葉）

野村、星野という指揮官の存在

楽天での指揮官であった野村克也と星野仙一の存在なくして今の田中は語れない。

まず野村である。田中のルーキーイヤーの前年である2006年から4年間、楽天の指揮を執った。あるテレビのスポーツ番組で、「野村の教えとは何だったのか？」と聞かれた田中は、「投手は原点能力が大事だと教えられてきた。これからも打者の外角低めに投げていく練習を一番、胸に刻みながらやっていこうと思っている」と答えている。

「原点能力」とは、投手の生命線である「外角低めストレートの制球力」のことである。これを軸として投球術を組み立てることの大切さを野村から学んだ。

そして星野。彼は11年から14年までの4年間、楽天の監督を務めた。田中が楽天で過ごした最後の年である13年には、楽天をみごとに日本一に導いた。17年11月28日、都内で行われた星野の野球殿堂入りを祝う会で、田中は星野と同じ壇上に上がった。そこでこう語っている。

「確かに、表面的には厳しい方でした。でも、僕は本当によく気をかけていただきました。いつもコンディションに気を付けるように言われていました」

日本のプロ野球史に残る二人の名指導者の元で野球ができた田中は幸運だった。二人に学んだことが血肉となり、メジャーへの扉を開いたといっても過言ではないだろう。

89

「誰かのために頑張る」

プレゼントをしよう。

あの日以来、僕はプロ野球選手として
そしてひとりの人間として
何ができるのかを常に考えてきました。

（東日本大震災から2年後の2013年3月11日付けのブログ）

大切な人に欲しいものを届ける努力を積み重ねよう

この言葉から、田中の２０１３年のシーズンに向けての決意が読み取れる。被災した東北の人たちに、なんとしても勇気と感動を届けたい。この思いが田中のパフォーマンスを加速させたといっても過言ではない。

05年に球団が創設されて以来、12年までの８シーズンの楽天の成績は、２位が１度あるだけで、３位はなく、４位が２度、５位が２度、そして最下位が３度。この事実からも、13年の開幕時に、誰が楽天の日本一を予想しただろうか。

このシーズン、その気になれば誰でも、とてつもないパワーを発揮できることを、楽天は証明してみせた。

心理学者ヘンリー・マレーは、人間の基本欲求の一つとして、「擁護（nurturance）」を挙げている。これは「落胆した、孤独な人たちに満足を与えたい」という欲求である。自分のファンが一番欲しいものを、なんとしても実現して届けたい。それは多分「日本一」というプレゼントであったはずだ。

あなたにとって最も大切な人が一番欲しいものを探し出して、それをその人の元に届ける努力を積み重ねよう。案外過小評価されているが、この努力が人間を大きく向上させるとても魅力的な要素の一つなのである。

90

「謙虚になる」

慕われる人になれ。

自分の中ではそういう思いはあまりない。
一人でやってきたことではないので、
僕が自慢げに言ったところでという気持ちがある。
チームのみんなに感謝。

（2013年沢村賞受賞後の記者会見で「1度も負けなかったことは誇りか？」という質問に答えて）

「人間力」のパワーは決して侮れない

田中の心の中には、2013年のシーズンで勝ち取った24勝はすべてチームメイトと一緒に実現したものという思いがある。「感謝の気持ち」は、私たちに想像以上のパワーを与えてくれる。

「人間力」のパワーを侮ってはいけない。いくら才能に恵まれていても、一人の能力はたかがしれている。

「これだけ自分が頑張っているのに、周囲の人間がついてこない。だから、プロジェクトがうまくいかない」と不満を漏らす人がいる。こういう人は仕事における才能はあるが、「人間力」が欠如している。だから誰からも慕われない。

自分がいい思いができるのも、すべて周囲の仲間たちの支えがあるからという田中の謙虚さが、さらなる仲間の援護を生み、彼にシーズン24連勝という勲章を与え、それがチームの日本一につながったのである。

あなたが頑張っている姿勢を周囲の人たちはしっかりと見ている。敢えて「頑張ろう！」という言葉を発しなくても、それはすぐに伝わるもの。周囲の人たちへの感謝の気持ちを忘れず、ただひたすら自分に与えられた責務を全うする。その頑張りが周囲の人間のバックアップを呼び起こす。これは覚えておいてよい事実である。

91

「団結力を信じる」

楽天優勝の原動力とは？

たくさんのチームのスタッフの方々に体のケアであったり、いろんなことをやっていただいてマウンドに上がれているので、そういう方々にオフシーズン、いい思いをしてもらえるように、そのためにも頑張っていかないといけないと思います。

（周囲の人間への気配りのことに触れて）

周囲の人間のバックアップに感謝しよう

チームの団結力が田中に凄い仕事をさせている。いくら自分が頑張っても、そこにはおのずと限界がある。チームメイトのバックアップがあって初めて思い通りの仕事ができる。そう考えて田中はマウンドに立っている。

２０１３年シーズン、みごと日本一に輝いた楽天において、この思いは、田中一人だけに限ったことではなかった。

「チームメイトのバックアップがあるからこそ、自分はこうしてプロの仕事を全うすることができている」

「自分たちは、それぞれが他のチームメイトと一緒に、勝利に貢献するためのパフォーマンスを共有している」

そういう「親和欲求」を一人ひとりの選手が持っていたことが、13年のシーズンの楽天の底力となったのである。つまり、田中は、チームの勝利に貢献するための親和欲求に助けられたと言える。

自己実現の欲求だけでは弱過ぎる。自己実現の欲求に、チームメイトの団結心を束ねる親和欲求が結びついて、初めて爆発力が発揮される。この事実を知っているからこそ、田中は一流なのである。

92

「家族を愛する」

大事な人に感謝する。

伊丹にいる両親に渡します。

（2007年4月18日、完投初勝利を挙げた時、「ウイニングボールはどうしますか？」という質問に答えて）

両親が生きているうちに孝行しよう

記念すべきプロ初勝利の試合後のインタビューで、田中はこう語っている。

「最初は、ゲームを作らなきゃと考えすぎて、コースばかり狙っていました。でも今はすべて全力投球ではなくて、抜くところは抜いて投げられるようになった。今日走者を出しても、自分のペースで投げられましたから」（『田中将大　ヒーローのすべて』北海道新聞社刊より）

ウイニングボールを田中から贈られた母親の和美さんは、「最後までよくやってくれました。初登板の頃より表情が落ち着いてきて、将大らしくなってきました」と喜びを語っている。

２０１３年10月21日、Ｋスタ宮城（現・楽天生命パーク宮城）でのパ・リーグＣＳファイナルステージ第４戦の対ロッテ戦で、田中は９回に登板。球団創設９年目で初めて日本シリーズ進出を決める。試合後、ファンと触れ合った田中は、ネット裏に駆け寄ってきた父親の博さんと和美さん、そして妻の里田まいさんと金網越しにタッチ。ここにも家族愛が滲み出ていた。

「孝行のしたい時分に親はなし」という格言を噛みしめよう。生きているうちに親孝行しておけばよかったと後悔しても、それはもはや後の祭。親のありがたさは、失って初めて気づくもの。両親が生きているうちにもっと親孝行しよう。この一見当たり前のことが、あなたに好運を授けてくれる。

93

「希望は大きく」

目指すは世界一。

挑戦ではありません。
ただ行っただけではおもしろくないし、そんな気もありません。
向こうで世界一をつかみ取る戦力になるために行きます。

（ヤンキースの一員としての意気込みを語った言葉）

2種類のモチベーションを駆使する

ヤンキースへの入団記者会見が終わった後、楽天のホームであるKスタ宮城球場に向かって、田中は深々とお辞儀をした。「7年間かけてこの球場が自分をここまで育ててくれた！」という思いがあったからだろう。

1時間の記者会見で、田中は「世界一」という言葉を3度も繰り返した。楽天の球場で培った巧みな投球術を駆使してヤンキース優勝のために貢献したい。この言葉からはそれが読み取れる。

「希望系モチベーション」と「緊張系モチベーション」が、私たちに努力という行為をさせてくれる。

例えば、田中が、「ヤンキースという檜舞台で相手チームを完封したい！」と考えているなら、それは希望系モチベーション。

一方、「本当に自分はメジャーで通用するのだろうか？」という不安が沸き上がってきたら、それは緊張系モチベーション。

あなたにとって、この2種類のモチベーションの典型例は何だろう？　感謝の気持ちをバックボーンにして、この2種類のモチベーションを駆使することにより、あなたはなお一層モチベーションレベルを高めて努力を積み重ねることができるようになる。

94

「分かり合う」

相手を理解するとは。

打たれるのはピッチャーが悪いんですよ。
だからぼくはいつも
「全部自分が悪い。キャッチャーの要求に応えられずに
きちんと投げられなかったから打たれたんです」と言っています。

（キャッチャーとピッチャーの立場について語った言葉）

〝阿吽の呼吸〟を大事にしよう

〝阿吽の呼吸〟というものがある。阿吽とは、吐く息と吸う息のことであり、二人以上が一つのことをする時の、微妙なタイミングや気持ちの一致を意味する。例えば、言葉を交わさなくても意思疎通できる、といった場合によく使われる。もちろんピッチャーとキャッチャーの間に阿吽の呼吸がなければ、うまく機能しない。

楽天で田中のよき女房役だったキャッチャーの嶋基宏について、田中はこう語っている。

「ピッチャーというのはわがままな生き物ですから『おまえのやりたいようにやれ。全部受け止めてやるから』みたいなほうがいいですね。その点、嶋さんはこういう場面のときにこの球を投げたいんだな、となにも言わなくてもわかってくれます」（雑誌『家の光2012・6月号』家の光協会刊より）

一方、嶋も田中についてこう語る。

「（田中は）すごく負けず嫌いだし、ストイック。とにかくエンジンが入った時は入り込む。好きなゴルフにも夢中になりますからね。だけど、私生活ではとてもお茶目ですし、オンとオフがしっかりしている。それはいまだに変わらないよね」

雰囲気だけで相手が何を考え、どういう意思を持っているか。そこまで分かり合えるのが真のパートナーなのである。

95

「信頼する」コミュニケーション力。

ぼく自身、キャッチャー出身ですから、
嶋さんの気持ちがわかるので、
なるべく負担をかけたくないんですよね。
だから、ベンチに戻ればよく会話して意思の疎通を図っています。

（自分の女房役のキャッチャー嶋基宏について語った言葉）

チームメイトの相互の信頼関係を大切にしよう

田中が本格的に野球を始めたのは、小学1年生の時である。前にも触れたが、「昆陽里タイガース」を見学に行ったことがきっかけだ（51ページ）。すでに入部していたのが、巨人に入団した坂本勇人である。

当時は坂本がピッチャー、田中はキャッチャーである。後にこの同じ小学校の同級生二人は、同じ年にドラフト1位で指名される。こんな例は過去にあまり見られない。

ピッチャーを始めたのは、中学になって宝塚ボーイズに所属してからである。キャッチャーの気持ちが理解できるというのは、他のピッチャーにない田中の一つの才能である。チームメイトと日々意思の疎通を図る。これは簡単なようで案外難しい。いくらコミュニケーションを交わすといっても、仕事の打ち合わせだけではお互いの親密性は高まらない。その意味では、仕事を離れてふと口に出る何気ない一言が重要だったりする。

ある時、嶋はこんなことを語っている。

「やっぱり勝った後に『ありがとう』とか、ヒーローインタビューで『嶋さんのリードに助けられました』と言われた時は、キャッチャー冥利（みょうり）に尽きますね」

チームメイトの相互の信頼関係は、日々の細かいコミュニケーションによって積み上げられる。近道はない。

96

「周囲から力をもらう」

ファンと一体化する。

震災後、初めての試合で東北が一体になってがんばるぞ！
というときだったので、気持ちが悪くなるぐらいの緊張感でした。
ぼく、初めて腹下したんですよ。
さいわい2試合とも勝つことができたので、
ほんとうにうれしかったです。

（震災後初めてのホームゲームを振り返って語った言葉）

周囲の応援を力に変えよう

２０１１年４月29日の対オリックス戦。楽天は、当季初のＫスタ宮城主催試合に臨み、みごと３―１で勝利を飾る。この試合でＫスタ宮城の「開幕投手」に指名された田中は、序盤から安定したピッチングを披露。

丁寧に打者を攻めて打たせて取り、６回まで１安打に抑える。８回に味方のエラーが絡み失点するも、最後まで球威は衰えず完投勝利。スタンドに詰めかけた満員の東北のファンに、ビッグな白星をプレゼントした。

試合後のセレモニーで、あの印象に残る嶋基宏のスピーチがあった。

「東北の皆さん、絶対に乗り越えましょう、今、この時を。絶対に勝ち抜きましょう、この時を。今、この時を乗り越えた向こう側には強くなった自分と明るい未来が待っているはずです。絶対に見せましょう、東北の底力を！」

田中も勝利投手として次のように語っている。

「この日を待ちわびていました。今日は特別な試合になるという準備をして、この日を迎えることができました。ファンの皆さんと一つになって勝つことができました」

自分のファンと一体化してそれを力に変える。これこそ、田中のような多くの一流人がやっている習慣なのである。

97

「伝える」

成長の種子を与える。

僕自身も下の世代の人たちを前にして、
例えば一緒に食事をしているとき、
彼らが僕の話を聞いて興味を引くことができるような、
そんな人になっていたいですね。
そういう人をかっこいいと思います。

（雑誌インタビューで自分が目指したいことについて語った言葉）

暗黙知を積極的に後輩に伝えていこう

この言葉からも、田中には自分の経験を後輩に伝えようという意識があることがうかがえる。チームワークを高める上で「コミュニケーション」は無視できない要素だ。組織の和は相互のコミュニケーション量に比例する。以下に紹介するのは、比較的キャリアの浅いメンバーを対象にしたアンケート結果である。

設問は、「あなたにとって理想の上司とは?」である。第1位に輝いたのは、「自分を成長させてくれる上司」。第2位は「仕事のできる上司」、第3位は「リーダーシップのある上司」、そして第4位は「放任してくれる上司」だった。

あなたの知識と経験を積極的に後輩に伝え、その成長を促そう。ところで、知識は大きく「形式知」と「暗黙知」とに分けられる。ノウハウやマニュアルといった言語化できるものが形式知。これはあらゆる人間が共有化できる伝えるために便利なものである。

一方、暗黙知は言語化が困難なため、伝えることが難しい。例えば、ピッチングにおけるスライダーを投げる腕の動きなどは典型的な暗黙知。この感覚を他の人間に伝えることはとても難しい。

とはいえ、自分の感覚を身振りを交えて伝えることにより、かなりの部分の暗黙知を伝えることができる。暗黙知を後輩に伝えていくのも、社会人の大切な役目である。

98

「食事に気を配る」

内助の功について。

奥さんには結婚前から仕事の量をセーブして
仙台にいる時は側にいてもらいました。
食事の面で一番楽になりました。
意外だと言われるかもしれませんが
僕は一人暮らしをしている時も料理はしていました。
ただ、シチューやカレーなど簡単なものばかり。
奥さんがいるとバリエーションがあるので全然飽きないですね。

（妻のまいさんについて語った言葉）

もっと栄養学に意識を払おう

心身のコンディションを整える上で、食事は無視できない要素。基本的には栄養のバランスのとれた食事であれば、好きなものを食べればよい。

なぜなら、栄養面に気を配るあまり好きではない食事をとると、かえってストレスがかかるからだ。日々ストレスのかかる職場で仕事と格闘しているビジネスパーソンのために、いくつかの栄養学の基本を記しておこう。

①食事の品数を増やす。少量多品種の食事をとることにより、必然的に栄養のバランスは良くなる。

②朝食は必ずとる。血糖値を安定させるために朝食は抜いてはいけない。朝食を抜くと、午前中の脳はボンヤリするため仕事の成果が出ない。特に安全性が求められる職場では、うっかりミスをする危険性も高まる。

③炭水化物とタンパク質を組み合わせることにより、注意力が高まる。良質のタンパク質を摂取することにより、ドーパミンやアドレナリンといった活動を高める脳内ホルモンが分泌される。

以上のようなことに留意して栄養面に気を配って、日々最高のパフォーマンスを発揮することを楽しもう。

99

「大事な人に出会う」

名監督・香田誉士史の存在。

香田監督にいろいろな場面で助けていただきました。チームメイトがいなければ、今の自分はいません。本当にこの高校に入って、良かったと思います。

（駒大苫小牧時代のことを振り返って語った言葉）

素晴らしい師にめぐり会えた人間は幸せ者である

もしも田中が駒大苫小牧に入学していなかったら、彼はプロ野球選手にすらなれなかったかもしれない。なぜなら、当時、野球部の監督を務めていた香田誉士史と出会えなかったからである。

香田は、佐賀県立佐賀商業高校で甲子園に3度出場している。そして東都大学野球リーグの名門駒澤大学に進学。卒業後、母校の臨時コーチを務めた後、駒大苫小牧の社会科教員兼野球部顧問に就任した。

彼の率いる駒大苫小牧は、2004年と05年の夏の甲子園連覇という偉業を成し遂げる。その手腕には定評があり、特に監督就任時から駒大苫小牧野球部員が行っていた「人指し指を1本だけ立てての決めポーズ」は、「ベストを尽くす」ことを意味し、現在では他校の選手たちも真似をするようになった。

駒大苫小牧の3連覇を決勝で阻止し、06年夏の甲子園優勝に輝いた早稲田実業の選手たちも、勝利の瞬間、マウンドに集まってこのポーズを取ったという。

また、香田は礼節を重んじ、野球ができることへの「感謝」と「礼儀」を、徹底的に部員に浸透させた。

田中の強運は、香田という素晴らしい監督に出会ったことに始まるといっていい。

100

「責任は自分にある」

最善を尽くせ。

エースだろうが、エースじゃなかろうが、
マウンドに上がれば一人の投手です。
そこにはやはりいろいろ責任感があると思いますから。
投手が投げないと試合が始まらないですし、
その投手が暗い雰囲気で、悪いテンポで投げていても、
チームはいい方向に行かないと思います。

（2011年12月の雑誌のインタビューで責任感について語った言葉）

仕事の責任は100%自分にあると宣言しよう

アメリカのギャラップ社が興味深い調査をしている。「あなたは毎日最善を尽くすことができていますか?」という質問である。アメリカでの調査の結果、「イエス」と答えた人の割合はたった20%だったというのだ。

つまり、8割の人は最善を尽くしていないと考えている。田中は、間違いなく「イエス」と答える少数派だろう。

責任感は与えられるものではない。それは自主的に感じるもの。少なくとも報酬を得ている人すべてに言えるのは、自分の仕事の総責任者は自分自身であるということだ。そのことを強く意識しよう。そうすれば、どんな仕事でもモチベーションを上げて頑張れる。

もっと仕事の責任感を持てないか。そのことについて、時々、真剣に考えてみよう。そして、必要なら、その考えを上司に訴えかけよう。それだけでなく、「自分の責任で、この仕事において最高の成果を上げてみせる!」、「どんな結果に終わってもこの仕事の責任は上司ではなく自分がとる!」と、頻繁に自分自身に語りかけよう。

「自分の仕事の責任の100%は自分にある!」と宣言し、最高の成果を引き出すためにあらゆる努力を惜しまない。そういう人間だけに、突然、思ってもいなかった良いニュースが舞い込むようになる。

田中将大の年度別成績

年度	所属球団	登板	勝利	敗北	セーブ	完投	完封勝	無四球	打者	投球回	被安打	被本塁打	与四球	与死球	奪三振	暴投	ボーク	失点	自責点	防御率
2007	東北楽天	28	11	7	0	4	1	0	800	186.1	183	17	68	7	196	10	1	83	79	3.82
	表彰…パ・リーグ新人王																			
2008	東北楽天	25	9	7	1	5	2	1	726	172.2	171	9	54	2	159	6	0	71	67	3.49
	表彰…なし																			
2009	東北楽天	25	15	6	1	6	3	0	771	189.2	170	13	43	7	171	3	0	51	49	2.33
	表彰…月間MVP：2回																			
2010	東北楽天	20	11	6	0	8	1	2	643	155.0	159	9	32	5	119	1	0	47	43	2.50
	表彰…月間MVP：1回																			
2011	東北楽天	27	19	5	0	14	6	4	866	226.1	171	8	27	5	241	7	0	35	32	1.27
	表彰…沢村賞、最優投手、月間MVP：3回、ゴールデングラブ賞																			
2012	東北楽天	22	10	4	0	8	3	4	696	173.0	160	4	19	2	169	4	0	45	36	1.87
	表彰…月間MVP：1回、ゴールデングラブ賞																			
2013	東北楽天	28	24	0	1	8	2	1	822	212.0	168	6	32	3	183	9	0	35	30	1.27
	表彰…最優秀選手、最優秀投手、沢村賞、月間MVP：5回、ゴールデングラブ賞																			
2014	ヤンキース	20	13	5	0	3	1	1	542	136.1	123	15	21	4	141	4	0	47	42	2.77
	表彰…月間MVP：1回、Topps ルーキーオールスターチーム																			
2015	ヤンキース	24	12	7	0	1	0	0	609	154.0	126	25	27	1	139	4	0	66	60	3.51
	表彰…なし																			
2016	ヤンキース	31	14	4	0	0	0	0	805	199.2	179	22	36	3	165	7	0	75	68	3.07
	表彰…なし																			
2017	ヤンキース	30	13	12	0	1	1	1	752	178.1	180	35	41	7	194	7	0	100	94	4.74
	表彰…なし																			
2018	ヤンキース	27	12	6	0	1	1	0	635	156.0	141	25	35	7	159	3	0	68	65	3.75
	表彰…なし																			
2019	ヤンキース	32	11	9	0	1	1	0	759	182.0	186	28	40	2	149	7	0	95	90	4.45
	表彰…なし																			
2020	ヤンキース	10	3	3	0	0	0	0	197	48.0	48	9	8	2	44	0	0	25	19	3.56
	表彰…なし																			
NPB通算		175	99	35	3	53	18	12	5324	1315.0	1182	66	275	31	1238	40	1	367	336	2.30
MLB通算		174	78	46	0	7	4	2	4299	1054.1	983	159	208	26	991	32	0	476	438	3.74

※参考資料：日本プロ野球機構オフィシャルサイト、他

主な参考文献

『田中将大、ニューヨーク・ヤンキースの超新星』マイケル・パート（作品社）
『「戦う自分」をつくる13の成功戦略』ジョン・C・マクスウェル（三笠書房）
『ヘタな人生論よりトップアスリートの名言』児玉光雄（河出書房新社）
『石川遼、本田圭佑、長谷部誠などの言葉に学ぶ「夢の実現力」』児玉光雄（プレジデント社）
『田中将大　ヒーローのすべて』黒田伸（北海道新聞社）
『最強世代1988』節丸裕一（講談社）
『スポーツスーパースター伝５　田中将大』（ベースボール・マガジン社）
『田中将大～若きエース４年間の成長～』TBS『S★1』田中将大取材班（小学館）
『「田中将大」完全読本』（宝島社）
『働くみんなのモティベーション論』金井壽宏（NTT出版）
雑誌『輝け甲子園の星』（日刊スポーツ出版社）
雑誌『輝け甲子園の星増刊』（日刊スポーツ出版社）
雑誌『週刊ベースボール』（ベースボール・マガジン社）
雑誌『週刊ベースボール増刊』（ベースボール・マガジン社）
雑誌『SPORTS　Yeah!』（角川書店）
雑誌『Sportiva』（集英社）
雑誌『FLASH』（光文社）
雑誌『週刊SPA!』（扶桑社）
雑誌『週刊現代』（講談社）
雑誌『週刊プレイボーイ』（集英社）
雑誌『家の光』（家の光協会）
雑誌『Number』（文藝春秋）
新聞『毎日新聞』
新聞『日刊スポーツ』
WEB『YAHOO! JAPANニュース』
WEB『web Sportiva』
WEB『朝日新聞デジタル』
WEB『nikkansports.com』
WEB『Sponichi Annex』
WEB『Number Web』
WEB『SANSPO.COM』
WEB『東北楽天ゴールデンイーグルス・オフィシャルサイト』
WEB『田中将大オフィシャルブログ』
WEB『BIGLOBE』

児玉光雄（こだま　みつお）
1947年兵庫県生まれ。京都大学工学部卒業。カリフォルニア大学ロサンジェルス校（UCLA）大学院に学び工学修士号取得。米国オリンピック委員会スポーツ科学部門の客員研究員としてオリンピック選手のデータ分析に従事。メンタルカウンセラーとして多くのプロスポーツ選手を指導。また、右脳活性プログラムのカリスマ・トレーナーとして、これまで多くの受験雑誌や大手学習塾に右脳開発トレーニングを提供している。
ベストセラーになった『イチロー思考』（東邦出版）をはじめ、『天才脳をつくる 幼児からの右脳ドリル』（水王舎）、『心が奮い立つ！トップアスリート35人のメンタル術』（秀和システム）『大谷翔平・羽生結弦の育て方』（幻冬舎）等、著作は200冊以上。現在、追手門学院大学特別顧問。元鹿屋体育大学教授。日本スポーツ心理学会会員。

STAFF
装丁・デザイン　勝浦悠介
企画・編集　江渕眞人（コーエン企画）

本書は、2014年3月に刊行された『田中将大から学ぶ 負けない「気持ち」の創り方』に、新規原稿を加え再編集したものです。

田中将大に学ぶ 挑戦し続ける自分の創り方

2021年5月10日　初版第1刷発行

著　者　児玉光雄
発行人　廣瀬和二
発行所　辰巳出版株式会社
〒160-0022　東京都新宿区新宿2丁目15番14号 辰巳ビル
TEL　03-5360-8064（販売部）
TEL　03-5360-8093（編集部）
URL　http://www.TG-NET.co.jp

印刷・製本　中央精版印刷株式会社

ISBN978-4-7778-2775-6 C0030